南京稀见文献丛刊

钓矶立谈 （宋）佚名 撰

江南别录 （宋）陈彭年 撰

江表志 （宋）郑文宝 撰

点校 邹劲风

南京出版传媒集团
南京出版社

图书在版编目（CIP）数据

钓矶立谈 / (宋)佚名撰. 江南别录 / (宋)陈彭年撰. 江表志 / (宋)郑文宝撰. -- 南京：南京出版社，2022.4

（南京稀见文献丛刊）

ISBN 978-7-5533-3642-8

Ⅰ.①钓… ②江… ③江… Ⅱ.①佚… ②陈… ③郑… Ⅲ.①中国历史—南唐 Ⅳ.① K243.2

中国版本图书馆 CIP 数据核字（2022）第 046164 号

丛 书 名	南京稀见文献丛刊
书　　名	钓矶立谈·江南别录·江表志
作　　者	（宋）佚名　（宋）陈彭年　（宋）郑文宝
出版发行	南京出版传媒集团 南 京 出 版 社

社址：南京市太平门街 53 号邮编：210016

网址：http://www.njcbs.cn 电子信箱：njcbs1988@163.com

联系电话：025-83283893、83283864（营销）　025-83112257（编务）

出 版 人	项晓宁
出 品 人	卢海鸣
责任编辑	严行健
装帧设计	王　俊
责任印制	杨福彬

排　　版	南京新华丰制版有限公司
印　　刷	南京工大印务有限公司
开　　本	890 毫米 ×1240 毫米　1/32
印　　张	3.25
字　　数	77 千
版　　次	2022 年 4 月第 1 版
印　　次	2022 年 6 月第 2 次印刷
书　　号	ISBN 978-7-5533-3642-8
定　　价	30.00 元

用微信或京东
APP扫码购书

用淘宝APP
扫码购书

总　序

　　南京是我国著名的七大古都之一，又是国务院首批公布的 24 座历史文化名城之一。有将近 2500 年的建城史，约 450 年的建都史，号称"六朝古都""十朝都会"。南京的地方文献是中华历史文化资源的一个重要组成部分，是研究我国政治、经济、军事、文化和民风民俗的重要资料。为了贯彻落实党的十九大精神和习近平新时代中国特色社会主义思想，配合南京的经济发展与城市建设，深度挖掘历史文化资源，做好历史文献整理出版工作，不仅有利于传承、弘扬南京历史文化，提升南京品位，扩大南京影响力，也有利于推动物质文明、政治文明、精神文明、社会文明、生态文明协调发展。

　　长期以来，南京地方文献还没有系统地整理出版过，大量的南京珍贵文献散落在全国各地的图书馆和民间。许多珍贵的南京文献被束之高阁，无人问津，有的随着岁月的流逝而湮没无闻。广大读者想要查找阅读这些散见的地方文献，费时费力，十分不便。为开发和利用好这一祖先留给我们的文化瑰宝，充分发挥其资治、存史、教化、育人功能，南京出版传媒集团(南京出版社)与南京市地方志编纂委员会办公室组织了一批专家和相关人员,致力于搜集整理出版南京历史上稀有的、珍贵的经典文献,并把"南京稀见文献丛刊"精心打造成古都南京的文化品牌和特色名片。为此,我们在内容定位上是全方位、多视角地展示南京文化的深层内涵和丰富魅力;在读者定位上是广大知识分子、各级党政干部以及具有中等以上文化程度的人;在价值定位上,丛书兼顾学术研究、知识普及这两者的价值。这套丛书的版本力求是国内最早最好的版本,点校者力求是南京地方文化方面的专家学者,在装帧设计印刷上也力求高质量。

总之,我们力图通过这套丛书的出版,扩大稀见文献的流传范围,让更多的读者能够阅读到这些文献;增加稀见文献的存世数量,保存稀见文献;提升稀见文献的地位,突显稀见文献所具有的正史史料所没有的价值。

"南京稀见文献丛刊"编委会

导　读

一

　　本书汇集南唐相关文献三种：

　　《钓矶立谈》一卷，作者不详。《宋史·艺文志》题为南唐史虚白著，钱曾《读书敏求记》中著录其书南宋刊本，题为"不著名氏"；《知不足斋丛书》题为史虚白次子著，此说为《四库全书》所用。

　　陈尚君先生有《〈钓矶立谈〉作者考》一文①，据《钓矶立谈》自述及《全宋文》所收《宋故赠大理评事武昌史府君墓志铭》，结合唐宋时门生故吏或子侄辈述故主、先人言行成书的传统，考证此书非成于一人之手，史虚白子侄中有跟随其左右者，史虚白常向他们讲述南唐杂事，后由史虚白次子光世之子史温追述成书。

　　据《四库全书总目提要》考，当时所见《钓矶立谈》主要有两个版本系统：其一是明代晚期藏书家叶奕从钱曾家中抄出的宋刻本，题为著名的南宋临安太学前尹氏书铺刊

---

① 陈尚君·《宋元笔记述要》，中华书局 2019 年版。

本,《四库全书》本即祖出此本。另一版本是曹寅所刻《楝亭十二种》本。

本书即以曹寅主持的扬州诗局《楝亭十二种》本为底本。《钓矶立谈》成书后的流传颇为模糊,此书不见于宋代官、私目录,清乾隆中期,吴翌凤从朱氏滋阑堂借得汲古阁影宋本,校正误缺,补录佚文。数年后,鲍廷博以吴翌凤所校为底本,参校曹刻本等,是为《知不足斋丛书》本。这一过程从侧面体现,《钓矶立谈》在清中期以前,是一部真正的稀见文献,曹寅楝亭本的刊行,使时人得见其大概。楝亭本在康、乾之际,一度是其最常见、最重要的版本,对《钓矶立谈》的流传曾起过很重要的作用,只是后来影宋本被发现,楝亭本被取代。《楝亭十二种》刻印精美,其字体为清前期标志性的软体字,在版本史上地位很高,故"南京稀见文献丛刊"编委会选择将这一曾经很重要,但现在并不常见的版本呈献给读者。如清人所考,曹刻本误漏处较多,本书在尽可能保留其原貌的前提下,根据《知不足斋本》校正其明显误漏。

《江南别录》一卷,宋陈彭年撰。

陈彭年(961—1017),字永年,抚州南城人(今江西南城人),《宋史》有传。陈彭年早年生活在南唐,少年时聪颖好学,十三岁著《皇纲论》万言,后主李煜听说后,将他召入宫中,与其最钟爱的幼子仲宣为伴。南唐亡国后,陈彭年入仕宋朝,师从徐铉,于雍熙二年(985)中进士,后官至兵部侍郎、参知政事。

《江南别录》在《郡斋读书志》中被编入"伪史"类,《宋史·艺文志》则编入"载记"类,二书均载其书为四卷,今本仅余一卷,《四库全书总目提要》认为后人可能合其四卷为一卷。

此书以《古今说海》为底本。《古今说海》是明人陆楫所辑前朝至明代的小说。《江南别录》被编入其中的"说选·偏记"。另还有清彭氏知圣道斋抄本、学海类编本等。

《江表志》三卷,宋郑文宝撰。

郑文宝(953-1013),字仲贤,汀州宁化(今福建宁化)人,《宋史》有传,陆游《南唐书》附其略传于其父郑彦华传后。郑彦华,原为五代十国时期闽国将领,后归南唐,在南唐与后周战事中屡建战功。郑文宝成年后以父荫入仕,为南唐后主李煜长子仲寓掌管书籍。南唐亡国后入宋,于太平兴国八年(983)中进士,其后长期在今河北、四川、山西为官。

郑文宝师从当时的学问大家徐铉,在书法、文学甚至音乐上都有较高造诣。《宋史》本传载,郑文宝著有文集二十卷《谈苑》二十卷《江表志》三卷。今其文集和《谈苑》已佚,另有《南唐近事》一卷传世。

《江表志》今本已缺失大半,《四库全书总目提要》认为该书"虽存而实佚"。《江表志》现有清乾隆赵辑宁抄本,清缪荃孙校晚晴轩抄本,另有附丁丙跋的清抄本。此书用清张海鹏辑《墨海金壶》本。

二

南唐处于五代十国时期,其统治范围,北到淮河,南到南岭,东到大海,西到长江中游。

唐朝覆灭到北宋建立之前,中原五代相继,中原以外地区先后十个政权并存,所以称为五代十国时期。在这十国之中,南唐及其前身杨吴,不仅地域相对广大,而且政治地位十分突出。可以这么说,杨吴——南唐,是五代十国局面得以形成的关键。因为在此以前,随着唐朝政局的失控,唐朝疆域上出现藩镇混战、四分五裂的局面。军阀混战由中原开始,并向其他地区扩展。而杨吴——南唐正好位于江淮地区,它的出现,阻挡了中原军阀的铁蹄,使南方很快进入和平稳定的局面。

南唐经历了三代国主。先主李昇,出身寒微,克勤克俭,以高超的手段在复杂的政治斗争中脱颖而出,建立南唐。他施行顺应时代潮流的治国安邦政策,使南唐社会安定,经济恢复发展。中主李璟,违背先主遗愿,在位时间经历了与其东面的闽和西面的楚的两场战争,耗尽国力。此时,中原结束战乱,周世宗柴荣南下,南唐战败,丢失长江以北的半壁江山,中主含恨去世。后主李煜继位,南唐政治混乱,财政匮乏,而北宋逐步统一南方诸政权,终于于976年初攻破南唐都城。南唐就此灭亡。

南唐灭亡之时,距唐朝之亡仅仅80余年。对于中国数千年的历史而言,80年不过是一瞬间,而此前此后的两个时代——唐和宋已是在政治、经济、社会、文化等各方面都很不相同了。五代十国兴衰是唐宋之间变化的重要一环。在当时诸国,唐朝的印迹尚未褪尽,而宋朝的气象已初露端倪。这也是研究五代十国历史的意义之所在。

南唐是当时南方最重要的政权之一,它立国虽然短暂,但在历史上留下了深刻的印记。其中原因,第一,如前所述,它是五代十国局面奠定的关键之一,影响了历史的进程。第二,它在政治、经济、文化等诸方面呈现的面貌,体现时代变迁,具有典型意义。

关于五代十国时期的史料主要来自《旧五代史》《新五代史》《宋史》以及《资治通鉴》。如吴任臣在《十国春秋》凡例中总结:"时代久远,正史故多遗失,而欧史载十国史尤缺略。"正史多以中原政权为视角,关于同时代南方政权的内容很少。《资治通鉴》中南方史事颇为充实,但其书时代下限为北宋建立,其时距南唐正式结束还有很长时间。因此后世多有学者致力于补正史之不足,如宋代马令和陆游各著有一部纪传体《南唐书》。

唐代官修史学已很成熟,修史体系、史料构成已有定制可循,且修史已成为确立政权正统性的重要标志之一。五代十国时期各政权虽尽可能沿用唐代旧制,但由于政权的短暂和不稳定,其修史是断续的,所留史料也是零散的。因此,五代十国后期至北宋初期的笔记、杂史,成为后人修相关历史的重要史料来源。本书所收《钓矶立谈》《江南别录》《江表志》就是关于南唐历史乃至五代十国历史的重要史料。

南唐有自己的国史修撰机构,史官高远曾撰南唐先主实录二十卷及中主实录十卷。然而高远临终前感愤于江河日下的国势,将一部分手稿付之一炬,宋时仅剩十三卷《南唐烈祖实录》,另有王颜所撰《烈祖开基志》十卷。宋灭南唐后,诏令南唐旧臣汤悦、徐铉著南唐史,书成之后,题名《江南录》。这是迄今所知历史上唯一的官修南唐史专著,在当时有很大影响。此书已佚失,从后人的记述来看,为编年体史书,受历史条件所限,成书仓促,"忘远取近,率皆疏略"①。其时距南唐灭国不久,诸多人物尚在,故书中多避讳、回护之词。《江南录》的修撰在南唐旧人中引起担忧。徐铉、汤悦是南唐后主时期重臣,也是当时党争中心人物,其书中表现的政治态度难免有其倾向性。当时一些南唐旧臣,恐徐铉、汤悦著史有失客观,故另作南唐史,以纠其偏、补其不足。

《四库全书》所收《钓矶立谈》书前还有"自序":"叟,山东一无闻人也。清泰年中(后唐年号,934-937),随先校书避地江表,始营钓矶于江渚。……割江之后,先校书不禄,叟嗣守敝庐,颇窥先志,不复以进取为念。会王师吊伐……时移事往,将就芜没。……随意所商,聊复疏之于纸,仅得百二十许条,总而题之曰《钓矶立谈》。"书中提到"叟比闻铉及汤悦奉诏书江南事",可见其成书时间与《江南录》相近。

---

① (宋)马令:《南唐书》自序,《四部丛刊》本。

南唐先主李昪曾授史虚白校书郎之职，故序中有"先校书"之称。

史虚白原为山东人，其早年适逢中原晚唐至五代前期的战乱，仕进之路被堵塞，于是在山间隐居读书。中原唐晋相争，史虚白南渡避乱。史虚白南来后，以才华和个性著称于江南。他及韩熙载等由中原北来士人，虽身在江南，而志在中原，他们有志以南方政权为依托，实现政治抱负。然而，南唐先主李昪的政策是保境安民，无意开拓。史虚白在政治上不得志，退而隐居江西。南唐败于后周，中主李璟迁都洪州，路过鄱阳湖时曾与史虚白见面，并赐予田地。史虚白终老于江湖。其书名"钓矶"，即有隐逸之意。

《钓矶立谈》是一部有强烈政论性的史著，其体例是夹叙夹议，每则史事之后，都有冠以"叟曰"的评论。在选材上，作者特别注重有关国家盛衰兴亡之事，如南唐对外政策的转变以及党争的经过，并展现了特殊年代中不同出身、不同文化背景的各类人士的风貌。这些特点使该书在同类著作中独具一格。

《钓矶立谈》比较详细地记述南唐先主李昪和以韩熙载为代表的主张北伐的群臣的讨论。作者认为南唐错失了趁乱北上统一中原的良机。

《钓矶立谈》虽成书于北宋，但其中见闻、得失探讨却收录、成型于南唐，在关于南唐的各种杂史中，时代最早。其中所载，有可能是后世相关史著的史料来源。如其中详记天祐六年(909 年，其时杨吴奉中原为正朔，用中原年号)洪州象牙潭之捷，杨吴老将周本机敏果决，大败占据今江西的危全讽地方势力，使此战成为五代十国时期最为著名的战事之一。考后世诸史，特别是北宋初期的《九国志》，关于此战的叙事几乎都来源于《钓矶立谈》。此战杨吴速战速决，《钓矶立谈》中有"（危）全讽据胡床瞪视"之语，形象再现了战争场景，为各种史料中所独有。

《江南别录》从杨行密临终记起，分徐温、烈祖、元宗、后主四部分记述，这一体例避免了对杨吴、南唐这两个实则一脉相承的政权的人为割裂，有其独到之处。其书虽不免仍留有杂记痕迹，然相对其他笔记杂史，较有连贯性，对政权的演变过程及其间激烈的政治权力之争有较完整的记录。陈彭年早年出入南唐宫廷，亲身经历南唐政事，故其书以所见所闻补他书不足，如其中有南唐重臣宋齐丘的早年经历，可得窥见唐末五代战乱，科举仕进之途中断，底层读书人处境艰难，史料价值尤高。《四库全书总目提要》认为，《江南别录》相对于徐铉、汤悦《江南录》，称为《别录》。司马光著《资治通鉴》，也采用了其书史料。陈彭年在书中偏好用志怪、神异之说，不尽可信，这也是其书为后人所诟病之处。

《江表志》于北宋大中祥符三年（1010）前后著成。书以"志"为名，分先主、中主、后主三卷，每卷皆附有诸朝皇子、将、相、使、臣表，这在现存所有南唐史著中所仅有，可推测郑文宝作此书，似意在编撰一部内容、体例详备的南唐国史。而今所见《江表志》以记杂史为主，并非如其目录、结构所示的纪传体例。

《江表志》中详记保大五年(947)的一场雅集,中主李璟召集太弟李景遂以及李建勋、徐铉、张义方诸臣赏雪、赋诗,并由高冲古、周文矩等画师为君臣画像。南唐在我国美术史上据有重要地位。其时产生了《韩熙载夜宴图》《江行初雪图》等美术杰作,就现存史料来看,南唐设有画院,徐熙、董源等画家对后世美术有深远影响。这则史事再现群星璀璨的南唐画坛。此事被北宋郭若虚记入《图画见闻志》而常为后世美术史家提及,而其来源则是《江表志》。

《江表志》所录清辉殿、澄心堂事可资制度史研究参考。

《江表志》,以反映南唐士大夫风貌为主。一般认为,郑文宝亲侍李煜,其书中所记应属史实。然而,郑文宝经历的只是南唐末年政事,他对于前朝典故的记载所凭借的也是传闻,未必全然可信。

三

《钓矶立谈》《江表志》和《江南别录》虽都成书于北宋初,且都是追忆故国往事,但因其作者在时代上略有先后,其书蕴含的情感、体现的时代风貌是不同的。

南唐前身是杨行密所创杨吴政权,杨行密于唐末乱世中,力阻中原军阀南下,中原五代和南方诸国并存的局面由此确立。杨吴、南唐这两个一脉相承的政权是当时南方首屈一指的大国。南唐先主自称唐朝苗裔,这影响了中主、后主的身份认同,他们以正统自居,甚至幻想挥师北上中原,因而做出了一些错误决策，耗尽国力，以致北周军队大举南下时，无力抵抗。南唐君臣并不甘心，对江河日下的南唐形势往往无奈甚至痛心疾首。

《钓矶立谈》体现的就是这样的历史心态。史虚白自中原南渡，既心怀大志，又有中原士人的优越感。而南唐先主李昪正重用虽学问名气不及中原士人，但更了解南方风土民情的宋齐丘。《钓矶立谈》体现的是壮志难酬的遗憾、对南唐国破的痛心疾首。

客观而言，当时中原综合实力远胜于南方，统一是大势所趋。对此，南方诸国多有清醒认识，故多奉中原为正朔。先主李昪深知这个道理，他复李姓、立国号为唐，不过是为确立其政权的合法性，而并不真的认为这个政权有望恢复唐朝。而其后人误解了其中缘由，甚至后世学者在论及南唐时，都难免对这个政权寄予厚望，往往追问：南唐为什么会亡，是否有可能不亡？这种追问和探讨贯穿了诸多南唐史著，《钓矶立谈》即是其中典型。

郑文宝在南唐度过其青年时代，对其故国旧君有很深感情。南唐亡国后，宋允许录用南唐旧臣，郑文宝不愿入仕。当时，后主李煜在宋都开封处境艰难，不愿见客。郑文宝乔装成渔夫迂回请见，李煜深感其忠。李煜去世之后，郑文宝才肯入仕宋朝。郑文宝入仕后长期在川、陕等地为官，他体恤民情，和当地土著结下深厚情谊。

为故国南唐著史，是郑文宝毕生夙愿。南唐亡国不久，郑文宝追怀往事，搜集耳目所及的南唐逸闻琐事，作《南唐近事》,于北宋太平兴国二年(977)成书,其形式类似笔记。作者对故国感情深厚,致使书中对南唐、特别是后主李煜颇多偏袒。晚年养病期间,终著成《江表志》。此书史事载录上显得零散而随意,有的三言两语,有的如韩熙载的《归国状》、张泌的《谏疏》,累篇咸载。由此来看,此书似是正式成书前所拟大纲和史料准备。郑文宝在才学上颇似李后主,他的诗文有名于宋初,他跟随徐铉学习,书法独树一帜,他甚至长于琴艺,备受时人赞赏。

陈彭年比郑文宝小八岁,北宋统一时,陈彭年尚年轻。陈彭年长于典章制度、礼仪沿革之学。他曾参修《起居注》和《册府元龟》。真宗大中祥符年间,奉诏根据前代《切韵》和《唐韵》修成《大宋重修广韵》,这是迄今所见我国第一部官修韵书。南唐重视文教,广收图书,在秦淮河畔和庐山上设国学。如《江南别录》中所赞"故江左三十年文物,有贞元、元和之风"。在这种风气熏陶、制度培育之下,南唐人才辈出,入宋之后在多个领域都有建树,如乐史著《太平寰宇记》、董源的山水画等等,陈彭年也是其中之一。他著书颇丰,《四库全书》中收有其《大宋重修广韵》《重修玉篇》《贡举述略》等,《江南别录》仅是其中一部。其中有对后主才华的仰慕,有对忠臣志士的钦佩,其中也隐约可见对南唐结局的惋惜,但已无留恋和悲叹。陈彭年从身份到情感,都是真正的宋朝人了。

南唐是唐宋之间的重要政权,其在文学、绘画、书法、音乐上都有里程碑式的建树,这些成就由郑文宝、陈彭年等跨越两个时代的士人带入宋朝。时代如一江春水，滚滚向前，他们和那些由吴越、西蜀的入宋者，以及中原人士一起，以其才学，开创新的文化气象，且成就了大学问。

邹劲风

总目录

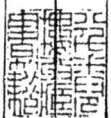

吳王稱號淮海時廣陵殷盛士庶有黃冠
道人狀如病狂手持一竿上挂一木刻爲鯉魚形自云
鍾離人也行歌於市曰盟津鯉魚肉爲角濠梁鯉魚金
刻鱗盟津鯉魚死欲盡濠梁鯉魚如爲人又云橫排三
十六條鱗箇箇圓如紫磨金爲甚竿頭挑着走世間難
遇識魚人其他如此如意者凡數十篇時人莫能曉歲餘
忽不知所之其後武義年中江南謠言又有東海鯉魚
飛上天之語及烈祖受命復姓李氏立唐社稷其言方
驗

《钓矶立谈》楝亭十二种本书影

江南別錄

說選五偏記
二

義祖徐氏諱溫烈祖之養父也剛毅寡言
罕與人交眾中凛然可畏目為徐噴吳武
王時淮南勁兵數萬號黑雲長劍義祖為
其裨將累以功遷右職與張顥同為衙內
列校吳武王疾亟召左右謀後事判官周
隱曰王之子未必能控禦諸將劉威長者
必不負人可授以軍政使待諸子長也吳

《江南別录》古今说海本书影

江表志卷上

墨海金壺 史部

宋 鄭文寶 著

南唐高祖姓李諱知誥生於徐州有唐鄭王疏屬之枝派父
志祖榮俱不仕帝少孤有姊出家為尼出入徐溫宅與溫妻
李氏同姓帝亦隨帝往來溫妻以其同宗憐其明慧收為養
子居諸子之上名曰知誥累典郡符溫為丞相封齊王出鎮
金陵留帝在都執楊氏政事帝沉機遠畧莫知其際折節謙
下中外瞻變及弱冠卽秉大權揚都浩穰之地海內所聞
率中儉素無所躭溺內輔幼主外弱冠祚十餘年帝
之力也丞相燮盡其兵譽以識詞有東海鯉魚飛上天之
語由是懷過主禪位之心吳帝加九錫封齊王丙申年執政

《江表志》墨海金壶本书影

南京稀见文献丛刊

钓矶立谈

（宋）佚名 撰

点校 邹劲风

南京出版传媒集团
南京出版社

吴王称号淮海时，广陵殷盛，士庶骈阗。忽一夕有黄冠道人状如病狂，手持一竿，上挂一木，刻为鲤鱼形。自云钟离人也，行歌于市，曰："盟津鲤鱼肉为角，濠梁鲤鱼金刻鳞。盟津鲤鱼死欲尽，濠梁鲤鱼如为人。"又云："横排三十六条鳞，箇箇圆如紫磨金。为甚竿头挑着走，世间难遇识鱼人。"其他如此意者凡数十篇，时人莫能晓。岁余，忽不知所之。其后武义年中，江南谣言又有"东海鲤鱼飞上天"之语。及烈祖受命，复姓李氏，立唐社稷，其言方验。

叟曰：鱼①与李声相通也，鱼而肉角则龙矣。虽以金刻鳞，犹为鱼也，江南虽为强国，而以偏霸终焉。

烈祖初得政，尽反知训之所为，接御士大夫，曲加礼敬，躬履素朴，去浮靡而又宽刑勤理，孜孜不倦。是时，方镇争雄，事资弹压。烈祖视听不妄，指挥中节，居平常自号曰政事仆射，高位重爵，推与宿旧，故得上下顺从，人无异意。齐台之建，擢宋齐丘、徐玠②为左右丞相，于其所居第旁，创为延宾亭，以待四方之士，遣人司守关徼，物色北来衣冠，凡形状奇伟者，必使引见，语有司采求，随即升用。听政稍暇，则又延见士类，谈宴赋诗，必尽欢而罢，了无贫富贵贱之隔。以此

---

① 考宋本，"鱼"当为"鲤"。
② 原本脱"徐玠"，今据宋本补。

二十年间，委曲庶务无不周知，兴利去害，人望日隆。沈彬先事《献山水画障诗》云："须知手笔安排定，不患山河整顿难。"及将受禅，头陀范志嵩《赋月诗》云："徐徐东海出，渐渐到亨衢。此夜一轮满，清光何处无。"概以是言之，人之与能也，有自来矣。是以吴社迁换，而国中夷然无易姓之戚，盖盛德之所移故也。

叟曰：峻极之山，神明凭依；蓁荟之丘，云气出焉。凡水之有旋流波①者，必生修鳞。帝王之量，其亦有以异人者矣。尝试观孝宗高皇帝，其总收权纲，延接群哲，当国匪懈，敦守纯朴，虽汉之高、光，不是过也。徒以其崎岖偏佐之国，地势不便，加以天之付畀，自有限量，只是远图之所就，仅足以称霸而已。惜夫！

武义中有童谣云："江北杨花飞作雪，江南李树玉团枝。李花结子可怜在，不似杨花没了期。"及烈祖受禅，其日白雀翔于庭，郡国以②符瑞言者，不③可以数计。其最著者，江西杨化④为李，临⑤川李树生连理，于是乃下还宗之议。初立唐宗庙，定郊堂之位，圜丘禋祀之夕，乃孟夏上旬，月至三鼓当没，而升坛之际，皎然如昼，柴燎毕乃没。太史奏言："月延三刻。"远近叹以为异事。

---

① 宋本此处有"折"字。
② 原本无"以"字，今据宋本补。
③ 原本无"不"字，今据宋本补。
④ 原本为"花"字，今据宋本改。
⑤ 原本为"帅"字，今据宋本改。

叟尝见长老相与言，颇有疑，以为未必然者，其意盖以谓南唐在六合间，才数州之境，讵得天应以祯祥如是之审也。叟辩之曰："人之精诚，上下感假，旦昼之所接，精祲之所交，亦何所不有？昔卫先生画长平之策而太白贯月；燕丹谋秦而白虹贯日；鲁阳挥戈而羲轮辍御；宋景公一言之善，而法星退舍；以至柳起上林，石立太山，赤伏登汉，金雌谶晋，或曲为一姓，或专系一人。亦有庶女含冤，而赤地千里，陨霜杀菽；匹夫致孝，而鱼跃冰开，冬生竹萌。近世马人裕之生也，紫气充庭；卢文进出军失律，而黑蟒拥膝，及其殃也，赤气宵腾，有星落如杯；姚①景昼寝，而丹蛇游于颧准之间；王舆梦有流②星之警，而几毙于飞石。凡此数子③者，位不过将帅，然犹肸蚃昭彰，又况胙土开国，五十年中崛起江表无事，为人神主以④对越上下者耶！"

烈祖每言："百姓皆父母所生，安用争城广地，使人肝脑异处，膏涂草野？"是以执吴朝之政，仅将一纪，才一拒越师，所谓不得已而用之。及受禅年，两江土寓，比⑤诸侯最广，兵力勇盛，气可以吞噬。谋臣桀将，方有建立功名之意，一日内谳，中⑥坐有诏曰："知足不辱，道祖之至戒；革廓则裂，前哲

---

① 原本为"桃"，今据宋本改。
② 原本脱"有流"二字，今据宋本补。
③ 原本无"子"字，今据宋本补。
④ 原本无"以"字，今据宋本补。
⑤ 原本为"北"字，今据宋本改。
⑥ 原本无"中"字，今据宋本补。

之元龟。予与一二卿士大夫共服斯箴,讨伐之议,愿勿复关白也。"其后钱唐大火,宫室器械为之一空^①,宋齐丘乘间进言曰:"夫越与我唇齿之国也,我有大施,而越人背之,虔刘我边鄙,污浊我源泉,股不附髀,终非我用。今天实弃之,我师晨出而暮践其庭,愿勿失机为后世忧。"烈祖愀然,久之曰:"疆域虽分,生齿理一。人各为主,其心未离。横生杀戮,朕所弗忍。且救灾睦邻,治古之道。朕誓以后世子孙付之于天,不愿以力营也。大司徒其勿复以为言。"于是特命行人遗之金粟缯绮,盖车马相望于道焉。暮年先理治命,引元宗而告之曰:"德昌宫凡积兵器缯帛^②七百余万,吾弃代后,汝善和邻好,以安宗祐^③为意,不宜袭隋炀帝之迹,恃食阻兵以自取亡覆也。"于时中外寝兵,耕织岁滋,文物彬焕,渐有中朝之风采。元宗之初,尚守先训,改元保大,盖有止戈之旨,三四年间,皆以为守文之良主。会元老去位,新进后生用事,争以事业自许,以谓荡定天下,可以指日而就。上意荧惑,移于多口。由是构怨连祸,蹙国之势,遂如削肌。其后宋齐丘复起于迁谪之中,谋为自固,更相唱和,兵结而不得解矣。未及十年,国用耗半。有杜昌邻者,经事永陵,还自外镇,复领计司,抚桉大恸曰:"国事去矣! 夫鸿鹄养护六翮,将至千里,今拔取之,以傅斥鷃,宁不使人恨恨也! "

　　叟尝笑诸葛孔明,号称王佐才,然不知地小人单,穷

---

① 原本为"室"字,今据宋本改。
② 原本无"帛"字,今据宋本补。
③ 原本为"祐"字,今据宋本改。

兵不休，两川之人，坐是不聊生，忠则忠矣，安所事智。今江南壤①毛瘠薄，土泉不深②。其人轻佼剽悍，不能耐久，中国非所敌也。自有③宇宙以来，未有偏据而可以成大功者。稽考永陵之心，夫岂不欲以并包席卷为事，聊顾其所处，势有未便故也。有如孙、陈之季，皆区区不度，以至鱼烂。由是言之，江表五十年间，父不哭子，兄不丧弟，四封之内，安恬舒嬉，虽流离侨寓之人，亦获其安堵也。弗天弗横，以得及真人之期。吁！烈祖为有大造于斯土也，明矣！

周世宗伐淮之岁，建阳孟贯于驾前献所业。其首篇《贻栖隐峒章先生》有"不伐有巢树，多移无主花"之句，世宗宣见，问贯曰："朕伐罪吊民，何有巢无主之有？然献朕则可，它人应不汝容矣。"

叟以谓孟贯小生，不知所以邀说万乘之道，而世宗皇帝，亦不得不为失辞。古训有之："师以直为壮，曲为老。"又魏绛之辞曰："师众以顺为武，王者之师，有不出则已矣，其举事也，沛如时雨之将至，百嘉仰之以生焉，夫人胥仰之以生，则孰肯为敌而输死。"江南初未有失德也，徒以连叛臣而致讨，且疆场之故，一彼一此，亦胡可胜言。乃如周之本谋，但规取淮壤，而借此以为之辞，诗云："鼓钟于宫，声闻于外。声之所驰，无翼而能飞。"方将幸人之

---

① 原本"壤"下有"地"字，今据宋本删。
② 原本为"没"字，今据宋本改。
③ 原本为"由"字，今据宋本改。

不知，弗可得也。顷见故老犹能言淮上事。周师之出也，亩无栖粮，廪无留藏，卷地以往，视人^①如土芥。坟墓圮毁，老幼系缧，墟落之地，胔腐骨填，里鼓绝响，殆无炊烟。于是自邗沟以北，皆群聚而成团，糊纸以为甲，坏锄耰以为器，因废垒以为固。官军与之对，则往往折北。是以刘仁赡以死守寿春，人相啖食，而城卒不肯下；孙忌睢盱于楼车之上，不顾身首异处，违诏而致其区区之忠。为人臣有如此二人者，可以与古烈士比，曾不标异以奖薄俗，而俱从显戮，文武之师固如是乎？当此之时，人心踽踽然南首以冀，会李氏^②君臣失谋，横生嫌间，其兵出不返，望旗而先溃，然且銮舆再驾，而仅足以成割江之计，所谓楚则过矣，齐未为得也。顾岂如甲戌之师，刀不衈而一国归命焉。诗云："匪疚匪棘，王国来极。"正斯之谓欤！

宋子嵩以布衣干烈祖，言听计售，遂开五十三州之业，宗祀严配，不改唐旧，可为南国之宗臣矣。及世事移改，新用事者爪距铦锐，方曹起而朋挤之，当其吊影于九峰之底，所谓几濒于死地。一旦复得政柄，内顾根柢失据，危而易摇，因瘝其初心，而更思所以自完计，首开拓境之说，规以矜企动上心，于是南生楚隙，西结越衅，晚举全国之力而顿兵于瓯闽坚壁之下，飞挽刍粟，征发徭戍，四封之内，为之骚然。钟山李公建勋为赋诗，

---

① 原本为"之"字，今据宋本改。
② 原本为"代"，今据宋本改。

有①"粟多未必为全策,师老须防有伏兵"之句,盖切中于当时之病。李宗坐是不竞,而子嵩之名亦因以隙。悲夫!

叟尝谓颓垣夷堑,何有于污墁;毁冕裂弁,孰施于面目,正子嵩之谓矣!且古之欲固其位者,亦何所不为。女宠妇谒,所以荡其情也;田猎燕游,所以耗其志也;为落落不合,所以开其矜夸也;为战斗危事,所以胥其畏怯也。人君倘不自觉知,未有不堕其计中者。窃尝譬之,一国之有君,犹心之宅百体也。苟一体之不密,则肤腠受邪而病气干其正矣。病气干其正,日以渐靡而曾不知惧,犹且表表自喜以为完人,其可复觊②也耶?有如子嵩者,其生平志业盖以孔明、茂弘为不足法,至其晚节末路,乃乘人主肤腠③之隙,而危为一窍之邪。鄙哉斯人也。古语不云乎:"栋折榱崩,侨将压焉?"抑谓是也夫。

边南院之始为将也,爱其士卒,分甘绝苦。其所过之地,秋毫不犯,出入城邑,整齐而有容。时人从而目之曰"边菩萨",望其旌纛之所指,举欣然相告曰:"是庶几其撩理我也。"及其既耄,则威不克爱,纲纪紊乱,玩侮饕④渎,禁约不胜。时人又从而目之曰"边和尚",望其旌纛之所指,举疾视而相告曰:"是愦愦⑤者,无宁其浼我也。"

---

① 原本脱"有"字,今据宋本补。
② 原本"复觊"二字缺,今据宋本补。
③ 原本缺"腠"字,今据宋本补。
④ 原本缺"饕"字,今据宋本补。
⑤ 原本脱"愦愦"二字,今据宋本补。

叟曰：夫爱憎之实，既贸于区中，则毁誉之形，必迁于外次。譬之龟焉，灼其中者，文①见于兆矣。古语云："爱其人者，爱其屋上乌；憎其人者，憎其储胥。"夫乌之所集，其屋必润，储胥者，主人储②意以待客之地。其敬我者，更将致憎，故君子之所以自立，不可不戒。

唐祚中兴，大臣议广土宇，往往皆以为当自潭、越始。烈祖不以为是。一旦召宋齐丘、冯延巳等，数人俱入，元宗侍侧。上曰："天下之势低昂如权衡，要当以河山为腹背。腹背奠，然后手足有所运。朕籍杨、徐遗业，抚③有东夏，地势未便，犹如绘事窘于边幅，虽有手笔，无所纵放。毛遂云：'锥④未得处囊中故也。如得处囊中，则必颖脱而出矣。'我之所志，大有以似此。每思高祖、太宗之基绪，若坠丘谷，痿人不忘起，盲人不忘视，以方我心，未足以训其勤。然所以不能躬执干戈为士卒先者，非有所顾恇也，未得处囊中故也。"冯延巳越次而对曰："河山居中，以制四极，诚如圣旨。然臣愚以谓羽毛不备，不可以远举；旌麾黯闇，不可以号召；舆赋不充，不可以兴事。陛下抚封境之内，共己静默，所以自守者足矣。如将有所志，必从跬步始。今王潮余孽，负固闽徼，井蛙跳梁，人不堪命；钱唐君臣，孱弩不得自立，而又刮⑤地重敛，下户

---

① 原本为"又"字，今据宋本改。
② 原本为"億"字，今据宋本改。
③ 原本为"复"，今据宋本改。
④ 原本为"惟"字，今据宋本改。
⑤ 原本为"割"字，今据宋本改。

毙踣;荆楚之君,国小而夸,以法论之,皆将肇乱,故其壤接地
连,风马相及。臣愚以为,兴王之功,当先事于三国。"上曰:
"不然。土德中否,日失其序,倘天人之望,或未之改,朕尚庶
几从一二股肱之后,如得一拜陵寝,死必目瞑。然尝观刘德舆
乘累捷之威,群胡敛衽之际,不得据有中原,乃留弱子而狼狈
东归,朕甚陋之。及闻李密劝玄感鼓行入关,意壮其言。至密
自王,亦不能决意以西也。近徐^①敬业起江淮之众,锋锐不可
当。不能因人之心,直趋河洛,而返游兵南渡,自营割据,识者
知其不能成事矣。此皆已事之验也,朕每伤之。钱氏父子动
以奉事中国为辞,卒然犯之,其名不祥。闽土险瘠,若连之以
兵,必半岁乃能下,恐所得不能^②当所失也,况其俗怙强喜乱,
既平之后,弥烦经防。唯诸马在湖湘间,恣为不法,兵若指南,
易如拾芥。孟轲谓齐人取燕,恐动四邻之兵,徒得尺寸地而享
天下之恶名,我不愿也。孰若悉舆税之入,君臣共为节俭,惟
是不腆之圭币,以奉四邻之欢,结之以明谊,要之以神明,四
封之外,俾人自为守。是我之存三国,乃外以为蔽障者也。疆
场之虞不警于廷,则宽刑平政得以施之于统内。男不失秉耒,
女无废机织,如此数年,国必殷足。兵旅训练,积日而不试,则
其气必倍,有如天启其意,而中原忽有变故,朕将投袂而起,
为天下倡。倘得遂北平僭窃,宁义旧都,然后拱揖以招诸国,
意虽折简可致也,亦何以兵为哉。"于是孙忌及宋齐丘同辞以
对曰:"圣志远大,诚非愚臣等所及也。"

---

① 原本脱"徐"字,今据宋本补。
② 原本缺"恐所得不能"字,今据宋本补。

上尝服金石药，疽剧将崩，呼元宗登御榻，啮其指至血出，戒之曰："它日北方当有事，勿忘吾言。"保大中，查文徽、冯延鲁、陈觉等争为讨闽之役。冯延巳因侍宴为嫚言曰："先帝龊龊无大略，每曰戢^①兵自喜，边垒偶杀一二百人，则必赏咨动色，竟日不怡。此殆田舍翁所为，不足以集大事也。今陛下暴师数万，流血于野，而徘优燕乐，不辍于前，真天下英雄主也。"元宗颇领其语。其后闽土判涣，竟成迁延之兵；湖湘既定而复变，地不加辟，财乏而不振。会耶律南入，中国大乱，边地连表请归命，而南唐君臣束手，无能延纳者。韩熙载上疏请乘衅北略，而兵力顿匮，茫茫不可为计，刮疡裹创，曾未得稍完，而周祖受命，世宗南征，全淮之地，再战而失。元宗始自叹恨，厌厌以至于弃代。时有隐君子作为《割江赋》，以讥讽其事。又有隐士诗云："风雨揭却屋，浑家醉不知。"将迁幸南都^②，而伶人李家明亦献诗云："龙舟悠漾锦帆风，雅称宸游望远空。偏恨皖公山色翠，影斜不入寿杯中。"故知倾国之渐，良由废烈祖之圣训而致然也。

叟曰：国之将亡，反本塞源。元宗自在藩邸，仁孝播闻。及怵于贼臣之诔言，至诋诬先烈，啮指顾命，忽如风之过耳。天不祚唐，可为伤心。吁，憸人小夫，不足以共谋国也如此。叟每置念于中，则不觉为之堕睫。

---

① 原本误为"单"字，今据宋本改。
② 原本误为"都南"，今据宋本改。

烈祖使冯延巳为齐王宾佐，孙晟面数延巳，曰："君尝轻我，我知之矣。文章不如君也，技艺不如君也，谈谐不如君也。然上置君亲贤门下，期以道义相辅，不可以误国朝大计也。"延巳失色，不对而起。

叟曰：昔贾谊为汉建治安之策，其言反覆，每以太子为根本。及太宗皇帝朝刘洎，亦推明其说，盖付托之重，当慎厥初。伏观元宗，天资粹美，闻见卓远，傥使重厚识体之臣左右前后，助成圣德，则必能拱手垂衣，克承负荷。叟闻长老说冯延巳之为人，亦有可喜处，其学问渊博，文章颖发，辩说纵横，如倾悬河，暴而听之，不觉膝席之屡前，使人忘寝与食。但所养不厚，急于功名，恃宠竖颊，先意希旨，有如脂腻，其入人肌理也，习久而不自觉。卒使烈祖之业委靡而不立，夫然后知孙丞相可谓有先知之明。世之议者，乃指以为由恨心而发，岂其然耶。

陈觉不俟诏旨，进讨福州。冯延鲁贪功，亟谋犄角。及戎^①律大挠，舆尸不归，元宗大怒，命锁二臣至国都，夺官流之支郡，秘书丞韩熙载上疏，请诛之以谢国人。其略云："擅兴者无罪，则疆场生事之臣恬不知畏；丧师者获存，则行阵效死之士何视而劝？"元宗不能用其语。

叟初闻江南老人言，熙载素恶于二冯，又与陈觉故不相知，是以因其隙而危攻之，其言不无过也。及见后主归

---

① 原本误为"我"，今据宋本改。

命，国家湮覆，求其倾圮之渐，乃兆于讨闽之役。然则虽断二子之首，盖不足以赎责。自樊若水衰取阴事，输之于天朝，国人恨之入于骨髓，至发其先垄，投骨于江流，由是以考之，韩之至言，当自为体国而发，彼轻以小人之心而揣量君子，殊愧前闻之陋。

元宗神彩精粹，词旨清畅，临朝之际，曲尽姿制。湖南尝遣廖法正，将聘，既还，语人曰："顷来识东朝官家，其为人粹若琢玉，南岳真君恐未如也。"是以荆渚孙光宪叙《续通历》云"圣表闻于四邻"，盖以此也。又其天性雅好古道，被服朴素，宛同儒者。时时作为歌诗，皆出入风骚，士子传以为玩，服其藻丽。是时承烈祖勤俭之后，国家富给，群臣操觚管小技，侍从左右，承间纳说，多自谓国势崇盛，如举太山以压朽坏，荡定之期，指日可俟。会闽、荆兄弟争国，有衅可乘，上亦未明于几先，荧惑利口。于是连兵十许年①，国削民乏，渺然视太平之象，更若捕风系影。初惠昭②太子少有远见，力谏上不知息兵养民，不蒙听纳，忽忽自失，以至暴亡。至是上痛自惩艾，复思太子语，往往涕下交颐，自议南还豫章，百不如意，邑邑无聊，以至捐弃服御。

叟尝读《汉书》，见班固赞元帝优柔，大率颇似元宗，古今异世，而乃适同尊号。西都坐是不振，而南国亦

---

① 原本无"年"，今据宋本补。
② 原本为"会招"，今据宋本改。

复阴阴如日就暮。因感杨雄论鲁不用真儒①之说，又传称是仪也，非礼也，唯礼为能定国。吁，非真儒不足以救国之危削，非明礼不足以权国之安荣②，元宗之君臣殆亦有遗恨于此。

西平王周本，经事诸杨，最为纯臣，虽不知书，而爱重儒士，宾礼寮属，不挠其权，故所至称治。后唐庄宗初入洛，吴遣卢藾致贺③，帝历数南朝大臣，尤多本，以为忠勇。叟常记危全讽以十万众据象牙潭，楚人为围高安，以为之声援。朝廷旰食，严可求荐本可以为将，本坚辞不肯起，徐自建白曰："往年长洲之战，非不敌也，特以上将权轻，下皆专命，互相观望④，以至军不克振。今必见委，倘不设偏裨，老臣愿出死力，以报厚恩。"朝廷许之，方乃具选兵七千人，计日赍粮，晨夕兼驰，朝贵或有追送者，不肯少留，且曰："兵事神速，停营信宿，众寡情见，则不可用也。吾欲及其锐而使之。"是时高安危急，人皆谓当先策援，本曰："不然。楚人非有战心也。姑欲牵缀我师，使全讽⑤得毕力尔。我必先擒此贼，彼自当解。"遂直捣象牙潭，突至其垒，疾攻之。全讽少⑥其众，且笑本率易，殊不顾答。本先遣劲卒，穿出其后，乘高疾呼，抚人大崩，矢石未及

---

① 原本为"如"，今据宋本改。
② 原本为"案乐"，今据宋本改。
③ 原本误为"庐藾政贺"，今据宋本改。
④ 原本脱"望"字，今据宋本补。
⑤ 原本误为"锋"，今据宋本改。
⑥ 原本为"狃"，今据宋本改。

接，争赴水以死。本建大将旗鼓，徐趋而薄之，全讽据胡床瞠视，不及指挥而就擒，我军大讙，楚人果宵遁矣。

叟尝壮西平此举，以为近世未有成功之速如此。比者，尝见中朝常丞相衮有言曰："自二汉以来，每有兵戎，必建专征之帅，卫青、霍去病专统五道，连率九郡之师，遂清漠北。窦宪发北军五校，黎阳沿边十二郡骑，及羌胡匈奴兵，卒勒①燕然。魏命夏侯惇都督二十六军，留镇于巢，终成帝业。晋命王濬、杜预等七军都督二十万众，卒平东吴。后周时奚胡杂种叛②于夏州，一城之难，贼众至少，犹命于③谨置大行台，统五州军事，以讨平之。隋五原部落杂叛，敌甚易取，亦使高颎④领行军元帅以出征。及国初，辅公祏⑤反丹阳，命李靖为副元帅，统李勣⑥等七总管以擒之。吐谷浑⑦寇边，命任城⑧王道宗等五军击⑨降之。开元以后，天下无事，戎镇玩安，浸紊经制，然至德以来，尚有统帅也，唯邺⑩城之役，九节度之师逡巡而溃，以无统帅无所制命故也。"吁！缠牵⑪俱长，则颠蹶可俟，骖服共驾，则

---

① 原本误为"勤"，今据宋本改。
② 原本脱"奚胡杂种"，今据宋本补。
③ 原文脱"于"，今据宋本补。
④ 原文误为"颊"，今据宋本改。
⑤ 原本误为"祐"，今据宋本改。
⑥ 原本误作"续"，今据宋本改。
⑦ 原本误为"谭"，今据宋本改。
⑧ 原本误为"臣"，今据宋本改。
⑨ 原本误为"系"，今据宋本改。
⑩ 原本误为"业"，今据宋本改。
⑪ 原本误为"缠墨"，今据宋本改。

轮舆必命，孰谓西平不知书耶？盖与兵法可谓闇合者矣！

高审思守寿春，大为儆^①备，晨夕出号，刁斗相属，躬率士卒，缮完城壍，楼橹渠答，色色整饬^②。或诮以为选懦，大不可^③以示敌也。掾吏闻而耻之，因间入白，曰："此城天险，号曰金汤。今以明将军之威，士卒莫不效命，亦安用晓昏孜孜，劳苦神算者耶？"审思笑而答曰："君以老兵为怯耶？夫兵固多变，不可以不慎。过而防之，策之上者，君但治曹事，看老兵格虏如何尔？"一旦北兵奄至城下，先使水工夺城中水道，穿浚所从入，每碍于角勒不得进。又为^④棚车载兵以临城上，城中飞竿起火，随方而焚之立尽。又为地道，潜攻向城，而隧之所出，适与金鼓相值。北兵相顾失色，曰："此真守边将军也。"解围而去，行未数里，而审思先为潜机，载劲卒行地中，绕出北兵之前，曳薪扬尘，岔埃涨天，鸣鼓疾呼而至。北兵腭眙，皆以为从天坠也。审思又发悬门，出众夹而攻之，北兵歼焉。由是终审思之世，寿春不受围。向日掾吏拜而言曰："将军天也，愚不能及也。"

叟曰：古之善将兵者，能勇能怯，能弱能强，高审思其有焉。

徐丞相玠，反覆于杨、李之际，意以恩泽自固。累临方镇，

---

① 原本误为"敌"，今据宋本改。
② 原本误为"饰"，今据宋本改。
③ 原文脱"可"，今据宋本补。
④ 原本误为"马"，今据宋本改。

率以贪浊闻。性好神仙,颇修服饵之术,然乃以贱价市丹砂之下者,以充其用。

叟曰:彼甘心以营服食,盖至诚以爱其躯命者也,尚犹顾恡若是,求其莅官政,处国事,夫又何观?吁,充徐之操,真所谓膏肓之疾欤!

烈祖初造唐,劳心五十余年,须发为之早白。其所以侧席倾迟天下之士,盖所谓无所不至者矣。然仅得宋齐丘、孙忌、李建勋等数人而已。就数人中,孙与宋不能善终,而钟山公又雅尚廉退,是以三世开国,而谱传所录无大可纪者。当是时,天下瓜裂,中国衣冠,多依齐台①,以故江南称为文物最盛处,然其濯濯如此云尔。及宋子嵩用意一变,群憸②人乘资以骋,二③冯、查、陈遂有五鬼之目,望风尘而投款者,至不可以数计。彼正人端士,虽数路广取,劳谦迟久而不可以多得。訾訾诡随之党,顺风一呼,而肩摩踵决,唯恐其不容,天意之不齐,乃至于是。

叟曰:昔汉武帝营甘泉宫,度为千门万户,以致神灵。是时南中有所谓卷舌柏,一名侧柏,一名珠子松,帝爱其缅缅下垂,如建翠凤之旗,如仙女委佩,其色相照耀,有如夺人之目,因诏凡旁南山诸县如④蓝田等处,率岁致三十本,列植于阶庑之间。考汉之诸帝,唯孝武长年,以岁计,

---

① 原本误为"堂",今据宋本改。
② 原本为"险",今据宋本改。
③ 原本误为"三",今据宋本改。
④ 原本无"县如",今据宋本补。

其所致不知其为数几何。其后孝元帝用诸儒之说，尽废诸秘祝之祠。自武至元，为日亦未几也，祠官长陵董可宗按行故宫，求识所谓珠子松者，漫不可复得，毁垣断堑，但有胡耳等蒙密充牣乎其中。彼所谓胡耳者，本西域植物，中国故无有也，自张骞通诸国，时有为羊马之献者，胡耳之实偶缀于毛端，因得遗种五陵，人所谓鄙弃樵牧①，以为下材者，霜冬就槁，常困②焚如之祸。呜呼！近如南山，而过为万乘之所爱录，又率岁以致之侧柏，顾不能存之于数十年间；远如西域，特因③羊马之残氄，而燔苅鄙贱之余，未有如胡耳者，而乃延曼弥满，至不可胜除。然则是果天意欤？是果非天意欤？千世之下，而士之多感激者，必将潸然于叟之斯言。

太祖讨李重进于扬州，南唐遣冯延巳受命。太祖召对，谓延巳曰："凡举事不欲再籍，我遂欲朝服济江，汝主何以相待？"延巳对曰："重进奸雄，闻于一时，尚且一战就擒，易如拉朽，蕞尔小国，诚不足仰④烦神虑。但江南士庶，眷恋主恩，各有必死之志，若天威⑤暴临，恐须少延晷刻。大朝倘肯捐弃数十万卒与之血战，何虑而不可。"太祖笑曰："吾与汝主大义已定，前言聊以戏卿耳。"

---

① 原本误为"物"，今据宋本改。
② 原本误为"因"，今据宋本改。
③ 原本误为"如"，今据宋本改。
④ 原本误为"倾"，今据宋本改。
⑤ 原本脱"威"，今据宋本补。

　　叟尝谓延巳此言，可以寒心。遭逢太祖，圣德宏达，笼络宇宙，方且置江南于度外，是以延巳小夫[①]，奉使失辞，曾不加质责，聊答之以一笑也。向若裁量如魏祖，有忮心似隋文，则延巳之斯言，乃为致讨之因矣。曾忆春秋时，齐、鲁构兵，齐侯谓鲁之行人曰："鲁人恐乎？"对曰："不和则有之，恐则未也。"齐侯曰："野无青草，室如悬磬，何恃而不恐？"对曰："其小人痛其父兄之仇，不能茹度而愿致其死力，何有于恐？君子则更悼失言，以致君讨。"且曰："先公僖桓[②]以来，世寻载盟，祖宗之言，明神实闻，无宁及君之世，而肯覆其成。唯此之恃，亦何有以恐？"齐侯曰："善。"解兵而加聘焉。是故小之所以事大，信不谕焉。将托传于说辞，忠信以守之，说辞以行之，犹恐不免焉。故曰：延巳此言为可寒心。

　　义祖尝梦临大水，水中有黄龙无数，旁有一古大夫，冠服如《三礼图》所画节服氏之形，荷一大戟而立，语义祖曰："汝可随意捉之。"义祖袒身而入，捉得一龙而出，惊悸而觉。未几，掠得烈祖，养以为子。又烈祖一日昼寝，梦一黄龙出殿之西槛，矫首内向，如窥伺状。烈祖惊起，使人侦之，见元宗方倚槛而立，遣人候上动静。于是立嫡之义遂决。后主时，浔阳潮退，有一大鳝环体于洲上，时时举首喙喁，水自脑而出，数日乃死。濒江之人脔食其肉，世说以为海神凿脑取珠，因以致毙。

叟时不悦，知江南国将除矣。何则？受命之初，黄龙入梦，今龙之弗兆，而海鳅见形。夫鳅之不可以为龙也，顾其躯体虽大，亦何所益。然且不容于其藏，而暴露于江渚，骨节解而膏肉分，非亡征而何？

后主天性喜学问，尝命两省丞郎、给谏，词掖集贤、勤政殿学士分夕于光政殿，赐之对坐，与相剧谈至夜乃罢。具论国事，每以富民为务，好生戒杀，本其天性。承蹙国之后，群臣又皆寻常充位之人，议论率不如旨，常一日叹曰："周公、仲尼忽去人远，吾道芜塞，其谁与明？"乃著为杂说数千万言，曰："特垂此空文，庶几百世之下，有以知吾心耳。"

叟昔于江表民家，见窃写真容，观其广颡隆准，风神洒落，居然自有尘外意。会大明在天，爝火不约，而销灭兴王，抚运四海，居然而面内。加之保大以来国谋颠错，民困财匮，百度斁紊，后主适当颓年，势不能支久，盖一时天时人事，互备于斯焉。

徐铉与其弟锴久被眷顾，家业富贵，多奇书。弟兄皆力学，以儒术名一时。是以后进晚生，莫不宗尚。唯张洎、潘佑每每讪讥，盖二人负其词藻，不肯少自低下故也。及锴早卒，铉后遂当国，洎因诡①与之合，遂出力共挤佑。佑以故多不②

① 原本为"固说"，今据宋本改。
② 原本为"下"字，今据宋本改。

调，世指徐为少容，而恨潘以不让交，以为失焉。及潘以直谏死，士大夫仰高其德名，为争作诗诔以哀之。是时，铉方从容持禄，与国俱亡。故主公论者，少贬其所为。

叟闻铉及汤悦奉诏书江南事，居处猥僻，未及见其成书。然妄意深疑徐尚有忮心，或将幸潘之殁，而厚诬潘以泉下。夫佑实疏隽，为人少法度，譬如长松古栝，固自偃砢多节目，必不肯忍为非义也。平居一言之不酬，虽即刭决而不顾，及其当大事，立为议论，挺然不回，去古人亦何远之有。后主既已诛佑，而察其无他肠，意甚悔之，是以厚抚其家，语及佑事，则往往投馈，至为作感伤之文，此南州士大夫所共知也。叟诚逆诈贪书其事，以遗后之人，使正史或出，不能传其谬悠，是亦仁人之用心也。

卢多逊来聘，南伐之形见矣。后主亦微知之，因遣使乞受封册，不报。甲戌岁，季穆衔命，诏后主入陪郊禋，举国震恐。后主恇扰，辞疾不敢赴。九月，王师克池州。先是，江南夙将并以殂殁，主兵者多新进后生，大臣皆婟^①婹取容，帏幄筹议，自相踳驳。其间轻狡者，日幸兵戈之兴，以为功名可图。张遇、郑彦华不请于朝，遽以轻兵北袭建安军，又欲火滁州之郛，皆不克而返。上流镇守，迎旗奔溃，王师不血刃而传城下。先是，光政使门下侍郎陈乔自以为忠义可与谋国，后主亦雅信之。于是诛皇甫继勋，定为城守之计。城中有卢绛者，粗名骁勇，

---

① 原本为"漳"，今据宋本改。

旧经征战，人心倚以为固。乔①因与之争言，气白后主，遣率所领援南徐②。绛受命鸣鼓整旗，由水道方舟而出。王师知其必死，为开围而纵之。自是孤城坐守，无复方略。会刘澄以京口降于③越，卢绛转入宣歙山间。中外丧沮，始有请降之议。其日，后主悉坐群臣于殿下，问计所从出。丞相徐铉等皆唯唯不得对。陈乔建白："欲遣人冒围，悉起上流之兵，背城一战，降固未晚也。"卫尉卿陈大雅举笏而言曰："侍郎平日自谓赤心许国，是以陛下悉心相待，名位荣宠，流辈所不敢望。今都城受围，复欲遣何人犯难者耶？"后主字大雅而谓之曰："审已，儒人也。平时尚欲急人之急，能为孤一行，所谓疾风知劲草，板荡识诚臣也。"大雅再拜而言曰："陛下十许年来焦心养士，群臣不能报称万分之一。今仓卒之际，至烦玉音反覆如此，臣罪合万死。然臣愚以谓覆水之势，殆于难图。臣虽幸承威灵，恐不克办。"后主曰："我平生喜耽佛学，其于世味澹如也。先帝弃代，冢嫡不天，越称非次④，诚非本心。自割江以来，亡形已见，屈身以奉中朝，唯恐获罪。长思脱屣，顾无计耳，竟烦天讨，蹙迫如是，孤亦安能惜一日之辱。正以城围淹时，旅拒既久，暴输降款，将不见纳。是以欲起上江征戍，共相影答，然后投诚请命，于是亦或见原耳。"大雅曰："陛下乏使令，不以下臣为不佞，臣请死生以之。然敢问上江主帅，谁可委以集事？"后主曰："洪州朱令赟，志不营私，其庶几分孤之忧。"

---

① 原本脱"乔"，今据宋本补。
② 原本误为"南滁"，今据宋本改。
③ 原本误为"以"，今据宋本改。
④ 原本误为"冢嫡不矢矢越称非次"，今据宋本改。

大雅曰："臣顷经与之同事,至悉令瓒之为人。虽断断顾国,而无远谋,颇愎谏而自用,臣惧非解纷之才也。"后主曰："古人有言:'中流失船,一壶千金。'今日之急,遑暇于择。"大雅曰:"臣请得奉将明命,都护诸军进止。臣虽不武,愿竭驽蹇,或有千虑之一得。若与令瓒共事,必无益也。"后主色不怿,曰:"诸人平时高谈卨稷,眼前但欲为任蛮奴计,孤亦日所托命也。"因歔欷而起。晚出诏付大雅,发令瓒等军,督促即行。大雅不敢复辞,以其夜三鼓犯围驰出。时令瓒亦以团聚江西军马,欲络绎赴难。大雅至,劝令瓒倍道星行,令瓒不能用,乃于浔阳口缚①大筏,载粮糒军资数十万许,行至石牌,营于新开河口。是日,苦雾昼集,如帝幕笼罩营上,虽对面人顾不见其拳,在外来者言:"有白气如虹上亘于天。"大雅谓令瓒曰:"吾辈为勤王之举,而奇祥若斯。公宜审度,不可忽也。"令瓒亦畏惧不悦,斩有罪者数人,引军以行。次日至虎镈洲,军士望见王师上有气皆如鸾翔凤舞,老壮咸知不敌,令瓒谓大雅曰:"仆此头颅,决为国家效一死,念与卿俱没无益也,烦卿为先事入白,可乎?"大雅曰:"入城易尔,北兵气象如此,愿明将军明算审数,勿轻举动也。"于是大雅驰还台城,辛勤冒矢石,才得潜入,君臣相持,暗呜泣下。大雅曰:"令瓒军必无成。"于是使乔草降表焉。其日,令瓒独乘大航,高数十重,上设旗鼓,蔽江而下。王师聚而攻之,矢集如猬。令瓒窘不知所为,乃发急火油以御之。北风暴起,烟焰涨空,军遂大溃,令瓒死之。自

---

① 原本误为"绎",今据宋本改。

旦至申，约降未定，而城北角陷，王师入城矣。陈乔羞悸，雉经于阙下。大雅拜辞后主，出投殿角井中，衣挂井干不得入，兵人引而出之。统帅曹公义其事，下令葬乔以其品。又录大雅，使与后主自随入朝，拜太子洗马。岁余，忽忽自卒。

　　叟尝闻此三人者，皆孤介特立，无游谈之助，故致位①不甚通显。及临危效命，独先于众人，乃知忠义激发，见于临事有如此者。叟每欲为之作传，苦不知其谱系，今行且老矣，私念不腆之文，不足以表襮，况国亡之际，举朝持禄，相为沉沦，往往争言其君之短长，以自媒衒，甚可丑也。彼其视朱、陈死事，大雅忘身，宜其媢忌而横相诋訾，必欲其无传而后止。吁，此叟所以执笔涕下，浪浪而不自禁者也。

　　丞相孙侯忌之在重位也，介独自守，不接见宾客，生平所不喜者，恶之不能忘。其与宋齐丘、冯延巳辈，几如不同天之仇。及将命周朝，自知不免。私谓副使王崇质曰："吾思之熟矣，终不忍负永陵一抔土，余非所知也。"是时②钟谟亦拔自下位，预闻国事，锐意有为，而不肯比数时辈。朝臣嫉之，上下侧目。及北使还朝，为唐镐所挤，卒以窜死。

　　叟尝谓此二人者，志业不同，虽俱负许国之志，至死而不变，乃如经济庶务，位在百工之上，则似非叟之所闻。何以言之？夫宰相大官也，处大官者不务小察，不规小智，

① 原本误为"仕"，今据宋本改。
② 原本误为"故"，今据宋本改。

故曰大匠不斫①，大庖不豆，大勇不斗，大兵不寇。桓公问相于管仲矣，管仲对曰："鲍叔之为人，清廉洁直，视人不己若者，不以比之于人，闻人之不善，入耳而不能忘，无己，则隰朋其可。其为人也，上志而下求，丑不若黄帝，而哀不己若者，其于国也，有不闻也，其于物也，有不知也，其于人也，有不见也，无已，则隰朋其可。"夫宰相者，鲍叔之所不能为，亦何有于②孙、钟孤刺而狼狈③，虽周公亦不足观也已。独狐郁有言曰："今之在位者，其无公欤？见一善莫之或称也，其意则曰：'非我事也'。"苟以为非我所当事④，则无所往而非我事也，无所往而非我事，天地之间，无乃大寂寥矣乎！今孙、钟之量，不直以为非我所当事而已矣。盖又挈挈⑤焉规露其所有，唯恐人之或先于我事，以护前而排下，欲以两手为天下之障。呜呼！天地之生材也实难，宰相者，当代天工，以匠成庶类者也，其不任责，则必有大谴。今孙、钟非止不任责也，操一国之势，而顾与士为仇，然则卒罹于非命者，非所谓不幸也。

常梦锡，性犷直，初升⑥朝，见党人互相推挽，日以谬悠尝试之说，聋瞽朝听。梦锡大惊，因发狂归，杜门丐外补。又数

---

① 原本误为"大臣不断"，今据宋本改。
② 原本误为"以"，今据宋本改。
③ 原本误为"狙"，今据宋本改。
④ 原本误为"'非我是苟也。'以为非我所当事"，今据宋本改。
⑤ 原本脱一"挈"字，今据宋本补。
⑥ 原本误为"陛"，今据宋本改。

年,复还朝列。会上巳日,朝贵出秦淮游燕,坐中有诋大朝事者,梦锡瞠目戟手,曰:"诸君平时每言致君如尧舜,今返自为小朝耶?"众莫之对。梦锡归,遂上表,历指权要朋私卖国,及发宰执狼藉数事,朝廷不能加察,以其语大忤,夺官流徙。梦锡因忽忽不得志以卒,待后主时方追加甄赠。

叟尝言上古之时,人伪未炽也。有所谓指邪戒佞之草,非能切痛于人也。然其芒颖之摇,已足以破非心于肝鬲矣。德之下衰,文奸而饰诈者渐起,于是有神羊獬豸之兽,造形而致触,然尚未①有声气也,而其头角之所取,亦足以判曲直、明是非,德又下衰,混淆而区处,以智力相轧,争其消息,乃如寒暑之序,而莫得其端倪,不可复以衡决矣。乃有悻悻颓怒之气钟于中不能之节士,叫号疾呼,陵辱而犯分,不惜其躯命而贪,以其不訾之孤力,思有以排拔山之根党。虽且不格以死亡,犹②将使后世之下粗有概操者,亦皆为之毛发森慄,有如梦锡者,真其人欤。吁!自草而兽,自兽而人,至于人亦极矣,而又且不胜焉。吾不知继其后者,又将孰恃以寄其直耶。冥冥之上,不曰有天乎?借或天且恝然而不以为事,则吾知其末如之何矣。

晋王景遂,性好宝玉。尝以玉杯行酒,坐客传玩,以为希世之奇赞善。张易佯醉抵之地曰:"贵宝贱士,王不当如是。"坐上客皆腭眙失色,王敛容谢之,自是每慰荐易。及易当使

---

① 原本为"未尚",今据宋本改。
② 原本为"右",今据宋本改。

海东，王惊，促入白上，以为朝臣如张易不可多得，奈何远使，使之冒犯风涛也。上曰："无忧也。知易之为人，海神岂敢毁之耶？"

　　叟尝谓人之常情，甘于耳目之近玩，而暗于左右之谀言，泯泯以终其身而不之知觉者，举皆是也。古语有之，非圣人不能受人尽言。张易轻以胸臆，而回宗藩之嗜好，非惟不加恔惜，而更得褒敬焉。故张易言之无难也，晋王受之为难。回视坐上逢意而赞奇之人，何啻奴颜婢膝乞丐者之所为夫。彼既忍于是态矣，卒①然而正直之言横出于其所不意，求其不沾沾巧谀，以娟嫉正士者，幸矣。则其腭眙瑟缩，颜色不能自主，亦无足怪也。今晋王乃能超然出于流俗寻常之见，而危受国士之言于群枉之中，至为之终身爱惜，惟恐其不至，以是而迹王之所存，其有以大过人者，世之人连连于形迹之伪，而促为敛容以谢者，盖有之矣。然未必由衷也，未必由衷则不能如王之慰荐易者矣。呜呼！九泉而可作也，叟当拥篲于晋邸之门。

　　天长令江梦孙，初至官，吏白大厅妖怪不可居，请止便②室。梦孙曰："勿恤，吾自当之。"既夕，果有魅呼笑而至，掀投床几，叩寝室，疾呼曰："江梦孙速出。"梦孙卧闻，答之以"喏"。乃整服朝服，秉执出户，爇炉奠爵而祝曰："不知何人，

① 原本误为"直"，今据宋本改。
② 原本误为"使"，今据宋本改。

辄敢召县令。夫令①为民长，必有正厅以御群吏。汝或为神，必当受民祝祠，岂得非礼与王者主宰争居官府？日月昭晰，吾当上奏，汝虽后悔，其可及乎？"由是阒然，不复闻灵向矣。

叟曰：太古之时，民神杂扰，申命重黎，绝地天通，禹铸九鼎，以图神奸，使人通知其名象，虽入山林，而缪弗祥之气，弗敢奸也。圣人之所以虑天下后世者，可谓详尽矣。今天长之魅，乃据县令治所，而与其官长争处。吁，岂不怪矣乎？然而人之心静者，天地可鉴也，日月可照也，出其言而不戾于正，则群枉者必将挠服。考梦孙之所以行己者，魅固不格矣。奈何尚且恣睢作为淫威，及闻正言，然后情得意沮，藏匿伏息，彼亦下愚之类，非所谓黠鬼也。

宋子嵩初佐烈祖，招徕俊杰，布在班行，如孙晟、韩熙载等，皆有特操，议论可听。及晚年惑于陈觉、冯延巳等，更疏薄平时素所知奖者。新进用事之人，声势气焰，往往炙手可热，孙丞相等尝所叹咤。一日晟间见齐丘曰："君侯以管、乐之材，当阿衡之地，好恶举动，不可不审。且人主所与共心意者，近则法从数君子，远则七人之列与三院御史，皆绳愆纠缪之任。又劝讲金华，所以开发上听，羽仪储宫，隆重国本，皆须搜择硕德，其性方正有守而不回邪之人，比日所除，群听尚且不惬，将复何所冀耶？"齐丘曰："无忌素以大量称，号能容异者。方今大业草创，实藉众俊，奈何铢称而衡较，且人全材

---

① 原本脱"令"字，今据宋本补。

实不易得，若以一节一目而废其寻常，仆惧无时而可以得人也。"晟曰："不然。仆闻之，昔墨子见染素丝者而叹曰：'所入者变，其色亦变，凡五入而为五色矣，故染不可不慎也。'舜染于许由、伯阳[①]，禹染于皋陶、伯益，汤染于伊尹、仲虺，武王染于太公望、周公旦，此四王者，所以染当，故王天下。夏桀染于羊辛[②]、岐踵之戎，纣染于崇侯、恶来，厉王染于虢公长父、荣夷终，幽王染于虢公鼓祭[③]，此四王者，所染不当，故为天下僇。今晟之私忧过计，非谓求备于人材也，畏所入者变，则其色亦变也。夫戒在于所[④]染，岂惟人主则然，自千乘之国、百乘之家，以至于士庶人，无不其然。君侯德操内定，洞鉴情伪，灼知事物之数，小夫憸人，固无审察。晟实恐九重渊深，四聪[⑤]之路，不宜壅塞，倘若左右前后，坌至雾集，政有敷受之垢，或可以移乾刚之断，当尔之日，君侯方将挈其[⑥]契领，无所及矣。晟本羁旅之余，智意昏瘠，诚感主上不世之遇，而怀君侯推毂之私，故贪竭其亹亹之思，唯君侯才幸。"又数日，韩熙载入见齐丘曰："小人今旦出郊，见群儿为飞鸢之戏，窃有所感激也。今为相君言之可乎？"齐丘曰："愿闻之。"熙载曰："夫飞鸢之初逝也，其丝发于轮，缓急在掌握之间，或上或下，盖唯群儿所欲尔。及空回风迅，线尾端直，时或激昂动摇，群

---

① 原本误为"杨"，今据宋本改。
② 原本误为"卒"，今据宋本改。
③ 原本作"敦"字，今据宋本改。
④ 原本脱"所"字，今据宋本补。
⑤ 原本误为"听"，今据宋本改。
⑥ 原本脱"其"字，今据宋本补。

儿相语曰：'此名索线也，慎不可纵，纵则断线而去矣。'执线轮者心知其如此，然独念其决起[1]可以快一时之观，而又力亦有所不能加。力不能加，则虽欲不纵，亦不可得也。既纵之后，怦怦如鼓危弦，其声琮琮，忽一得势，则大挽裂以往，或盘珊太虚之上，或投于沧州杏[2]渺之外，或冒[3]于积莽翳荟[4]之间。群儿蹑断绪，穷荒径，尽日力而不可得，踵穿衣决而返，至为其亲加扑捶焉。嗟夫，世事大有似此者，愿相君以为念。"齐丘曰："日者无忌有言，于齐丘之心鼎鼎然。今叔言之辨，可谓微矣。吾方思之，异日有以教我，愿有所承。"熙载曰："天下之势，盖又有甚于此者，须别日[5]谒之。"及冯、陈、朱[6]、查之党成，齐丘地在嫌甚，不得已，逊于九峰之谷，一日晨起览镜曰："吾貌有惭色，应愧孙无忌、韩叔言。"盖谓此也。

　　叟曰：恮猾之移人也，顾不怪哉。宋子嵩心知其故而且不免焉。古诗有之："当路莫栽荆棘树，他时免挂子孙衣。"乃如子嵩，则身罹其难，由其用智之不明故也。惜矣。

　　山东有隐君子者，素负出人之材，与昌黎韩熙载同时南渡。初以说干宋齐丘，为"五可十必然"之论，大抵多指汤武、

---

① 原本误为"岂"，今据宋本改。
② 原本缺"杏"，今据宋本补。
③ 原本误为"骨"，今据宋本改。
④ 原本为"会"，今据宋本改。
⑤ 原本误为"者"，今据宋本改。
⑥ 原本误为"宋"，今据宋本改。

伊吕事。齐丘谢曰："子之道大，吾惧不能了此。"因引以 ① 见烈祖。烈祖曰："江南之地如覆瓯，子幸何以教我？"对曰："昔关中父老语刘德舆云：'长安千门万户，是公家百姓，五陵联络，是公家坟墓，舍此将欲何之。'故小人亦以是为明使君愿，倘不能拓定中土，王有京雒 ②，终不足言也。"烈祖颇喜其言，然以南国初基，未能用之，遂擢为校书郎，縻以群从事，雅非其所欲也，于是放意泉石，诗酒自娱。及嗣王登位，韩叔言表荐其名，召将用之，见于便殿曰："臣草野之人，渔钓而已，邦国大计，非臣所能知。"嗣王赐之以酒，饮即径醉，溺于殿陛下，上笑曰："真隐士也。"赐田五亩以遣之，遂卒不仕。

　　叟尝闻帝者得其根荄，王者得其英华，霸者得其附枝，小之不可以为大，犹东之不可以为西也。有如之人者，邀说烈祖以王者之事而不合，则有卷之而已矣，夫岂肯斫而小之也哉。

　　昌黎韩熙载，字叔言，慷慨有才学，尝著书，号《格言》，传于世。家故富豪，颇好侈忕，不为烈祖所礼。元宗爱其词章，且东宫旧僚也，故骤见任用。在朝挺挺谅直，不为权势所喜，至诬以纵酒，黜为和州司马。其实熙载酒量，涓滴而已。久之，复入纶掖，诰令典雅，有元和风采。江表碑碣大手笔，咸出其手。初熙载自以羁旅被用，思展布支体，以报人主，内念报国之意，莫急于人材，于是大开门馆，延纳隽彦，凡占一伎一能

---

① 原本误为"以引"，今据宋本改。
② 原本误为"维"，今据宋本改。

之士，无不加意收采，唯恐不及，虽久病疲荼，亦不废接对。至诚奖进后辈，乃其天性，每得一文笔，手自缮写，展转爱玩，至其纸生毛，犹不忍遽舍。后房蓄声妓，皆天下妙绝，弹丝吹竹，清歌艳舞之观，所以娱侑宾客者，皆曲臻其极。是以一时豪杰，如萧俨、江文蔚、常梦锡、冯延巳、冯延鲁、徐铉、徐锴、潘佑、舒雅、张泊之徒，举集其门。熙载又长于剧谈，与相反覆论难，多深切当世之务，故熙载每有表疏论列，听者翕然，以为惬当。后主即位，适会朱元反①叛，颇有疑北客之意，唯待熙载不衰。又熙载曾将命大朝，留不得遣，有诗题馆中曰："我本江北人，去作江南客。还至江北时，举目无相识。清风吹我寒，明月为谁白？不如归去来，江南有人忆。"时宰见而悯之，为白天子遣还，以此之故，嫌疑不及。然②熙载内亦不自安，因弥事荒谦，殆于废日③，俸禄之数，不得充其用，及身没之日，后主痛惜曰："天夺吾良臣何速也。"顾左右曰："今将赠熙载以平章事，前代当有此例否？"或对曰："刘穆之赠开府仪同三司，即其例也。"后主即日出手书诏，赠以平章事，追谥曰"文靖"。葬于梅岭冈谢安墓侧，江南人臣恩礼，少有其比。

　　叟尝谓进贤受上赏，蔽贤蒙显戮，此兴王之令典也。及读虞书，称天秩五礼，天讨五罪，又《大易》之辞曰："君子以遏恶扬善，顺天休命。"乃知兴王之所④柄以赏罚者，是乃天意也。宋子嵩、孙无忌以才名高于南唐，子嵩

---

①　原本缺"反"字，今据宋本补。
②　原本缺"嫌……然"五字，今据宋本补。
③　原本"殆于废日"为"计日"，今据宋本改。
④　原本误为"初"，今据宋本改。

在位三十许年，历处权任，然睢盱自大，而尤恨人之不同己者。无忌铁心石肠，落落以忠赤自许，至其论人材，则门下盖如扫焉。二丞相之死，虽其事不同，而皆罹非命，并其孙子殄歼无遗。叟意其为天之所殛也。韩叔言虽奉养过脒，动罣讥议，处世逼迫，略无好悰，然身死之日，备享哀荣，盖其平生时以礼下人，士为称矣。叟又意其为天之所佑故也。夫天之所为，人莫之知，虽勇若贲育，不能支亦所不能移者也。后之有位之君子，其戒之哉，其戒之哉。

剑浦人陈陶，学通天人，自负台铉之器，不肯妄干乞。及闻宋子嵩秉政，凡所荐擢，率浮靡恓佞，陶自知决不能入，因筑室南都之西山，以吟咏自放。及齐丘出镇，陶更有蒲纶之望，仍自咏曰："中原莫道无鸾凤，自是皇家结网疏。"故与水曹郎任晼相善，以诗寄之云："好向明时荐遗逸，莫教千古吊灵均。"朝廷亦自知其名，欲加召用，会割江多故，未暇也。是时江南多妖孽，彗孛昼见，陶察运祚衰替，不可扶持，遂绝意于荐绅，专以服气为事。又诗有云："乾坤见了文章懒，龙虎成来印绶疏。"又云："近世上无徐庶辈，谁向桑麻识卧龙。"又云："磻溪老叟无人问，间列楂梨论六韬。"楂梨，其二子小字也。或问其优劣，陶答曰："楂梨不同，皆可于口。"

叟谓明王驭世，哲匠宰物，要使一世之中，无有赍志遗恨者。夫然后物物平，夫是之谓太平。昔应侯与贾子坐于堂上，门有鼓瑟之声，应侯曰："一何悲耶？"贾子曰："张急调下，故使之悲耳。"夫张急者，良材也，调下者，卑处也，取彼良材而卑处之，能无悲乎？是故骐骥不遗能于良乐，良宝不藏耀于隋①郢，盖其耀光夜射，则价高秦赵，飞驷灭没②，岂论燕越，物尚有之，士亦宜然。叟闻"桂林生于五岭，杞梓出于南荆"。夫以卉木之盛，犹在方志③，况千里之朝，怀其良彦，而莫登于龙津者乎？故叟以陈陶之志业考之④，有以知唐室之不竞。

钓矶立谈终。

---

① 原本脱"隋"字，今据宋本补。
② 原本无"没"字，今据宋本改。
③ 原本误为"卉木力志"，今据宋本改。
④ 原本"叟以陈陶之志业考之"为"叟　陈亡"，今据宋本改。

南京稀见文献丛刊

江 南 别 录

（宋）陈彭年 著

点校　邹劲风

南京出版传媒集团
南京出版社

　　义祖徐氏，讳温，烈祖之养父也。刚毅寡言，罕与人交。众中凛然可畏，目为徐嗔。吴武王时，淮南劲兵数万，号黑云长剑。义祖为其裨将，累以功迁右职，与张颢同为衙内列校。吴武王疾呕，召左右谋后事，判官周隐曰："王之子未必能控御诸将，刘威长者，必不负人，可授以军政，使待诸子长也。"吴武王不答，颢与义祖曰："王亲犯矢石而创基业。安可使外人为王。倘杨氏无儿，有女亦可，况未至此。"吴武王曰："尔能如是，吾死且瞑目矣。"武王卒，子渥嗣立，是为景王。景王所为不道，居父丧中，掘地为室，以作音乐。夜然烛击球，烛大者十围，一烛之费数万。或单马出游，从者不知所诣，奔走道路。义祖与颢承间泣谏，景王怒曰："尔谓我不中，何不杀我自为？"颢对曰："某曾受先王恩，安敢兴此心。"又景王亲吏皆恃势凌颢等，颢不平，遂有为乱之意。景王晨兴视事，颢拥百余人持长刀直进，景王惊曰："尔等果杀我邪？"颢曰："非敢杀王，杀王之左右不忠良者。"杀数十人而止。诸将非其党者，相次被诛。月余，杀景王，声言暴卒，立其母弟隆演，是为宣王。初，颢与义祖约，弑渥而以其地臣于梁。至是颢欲背约自立，严可求沮之，乃止。颢既得志，又欲害义祖，义祖用严可求、锺泰章谋，诛颢自为淮南行军司马，专军政。时藩郡守将皆武王勋旧，谓为所制，心不能服。宣州李遇谓人曰："吾始不记有此人，今日何忽乃尔。"遇不自安，遂反。及败，良贱百口皆死。自是诸将屏气矣。李德诚为润州，秉烛夜出，扬州遥见，谓有变，立命亲兵千余人渡江。比明，德诚盥漱，兵已入城，除德诚为江州。德诚惶怖即路，惟幙皆不及取。至江州，惧祸未已，令子继勋来谒。义祖见之叹曰："有子如此，非为恶人也。"以女妻继勋，移德诚于信州。后数岁，义祖出镇建康，以亲子知训代知淮南军政。知训骄暴不奉法，与宣王泛舟浊河。酒酣，宣王先起，随以弹丸击之。李德诚有女乐数十人，遣使求之，德诚报曰："此等皆有所主，又且年长，不足以接贵人，俟求少妙者进之。"知训对德诚使者曰："吾杀德诚。并其妻取之，亦易耳。"初，学兵于朱瑾，瑾悉心教之，后与瑾有隙，夜遣壮士杀瑾，瑾手刃数人，埋于舍后。瑾出镇泗州，往辞知训，知训约至瑾家为别，及至，瑾令妻出见，知训方拜，瑾以笏击踣，斩其首，入谒宣王曰："为国去贼，为民去害，在今日矣。"时强兵皆在建邺，宣王恐事不济，以衣障面曰："此事阿舅自为，勿累于我。"退走入内。宣王出于朱氏，故舅呼瑾。瑾怒曰："姜子不足与语，误我大事。"遂自杀。烈祖自京口入，代知训掌政。自是中外宁谧。时杨氏犹以东南道都统吴王承制行事，义祖权柄虽重，而名数犹卑，遂请建国改号，自为都统，封齐王。未几，隆演卒，弟溥立，是为让皇。三年，庄宗克梁，遣使来告。义祖曰："沙陀自称中兴，来者必诏命。"逆告之曰："若敌国之书，乃可，余则不奉命。"时果赍诏来，使者盘桓，果具驿书上闻。庄宗初平大敌，意务怀柔，遂用敌国之礼，书曰："唐皇帝谨命书与吴国主。"吴遣司农卿卢蘋北聘。李德诚自信州来朝，赐宴，至夕而罢。是夜，宣王殂，宫中以德诚进毒，幽于殿内。德诚亲吏走告义祖，以朝使不至，虑有他变，引亲吏百余人，夜渡江，斩关而入。明日，释德诚，立让皇溥，宣王之弟也。义祖虽总大兵，而身在外，朝政皆遥禀。烈祖居中任事，徐玠数劝义祖除烈祖，以次子知询代之。义祖亦知烈祖终为己害，而烈祖勤于侍养，又自幼畜之，故不忍。陈夫人于烈祖钟爱尤切，常曰："我家贫贱时养此儿，今日富贵负之，非人理也。"知训又死，知询尚少，因以大政委焉。及闻玠之谋，深以为不宜。烈祖亦不自安，求为江西，义祖令知询入觐。明日诏下，以知询为相。其夕，宋齐丘与术士刘通微同宿，闻鼓声，通微曰："事必中变，且有大丧。"书至而义祖殂。义祖晚有气疾，岁中数发，发则困踬。将殂之夕，气暴作，医者进药，无效而绝。知询自淮南奔丧，翌日，起为副都统，威权同义祖。而知询暗懦，待诸弟不厚，徐玠知其终败，输诚于烈祖。知询内为诸弟所构，外为徐玠所卖而不知也，意以己控强兵，居重地，烈祖虽管大政，而无兵士，制之甚易。义祖丧将终，遣使请烈祖至金陵，烈祖上十余表而让皇不允。顷之，知询入朝，烈祖疏其罪，以让皇之命，黜为左统军，尽夺其兵。知询面数烈祖曰："先王之丧，兄为人子而不亲临丧，反罪我邪？"烈祖曰："闻尔悬剑待我，我亦不惮，独迫于君命，不得往耳。尔为人臣，而畜乘舆物，非反而何？"知海者，知询之弟，娶吴功臣吕师造之女，非正嫡所出，知海常切齿，因醉刺杀。后频见吕氏为祟，请僧诵经亦见之。僧为陈因果，吕曰："吾不解此，志在报冤。"知询之败，知海有力焉，烈祖德之，以为江西。至镇，常欲不见吕氏，心中甚恶，有家人自淮南归，于江心遇彩舟，有妇人,乃吕氏也,招家人曰:"为我谢相公,善自爱,我今他适矣。"又以绣履授之曰:"恐相公不信,谓尔诈。此殡时物,用以为信。"家人至江西,以履进,知海熟视之未毕,吕氏已在侧曰:"尔谓我的不来也。"少时,知海卒,知询代之,遇其丧于中途,抚棺而哭曰:"弟用心如此,吾亦不怨,但何以见先王于地下。"闻者伤之。烈祖受吴禅,追上义祖尊号,徐氏诸子,封拜与李氏同,而知海之后特盛,子景辽、景游,皆出入宫禁,预枢密,专掌浮图修造之任,当时言蠹政者,以二人为首。

烈祖讳昪,唐之宗室也,旧名知诰,少孤,为义祖所养,有相者谓义祖曰:"君相至贵,且有贵子,然非君家所生。"又梦为人引临大水中,黄龙数十,令义祖捉之,义祖获一龙而寤,明旦,乃得烈祖。烈祖奉义祖以孝闻,尝从义祖征伐,有不如意,杖而逐之。及归,拜迎门外,义祖惊曰:"尔在此邪?"烈祖泣曰:"为人子者,舍父母何适?父怒而归母,子之常也。"义祖由是益怜惜。长善书计,性严明,不可以非理犯。累为楼船指挥使。宋齐丘者,父为江西钟传副使,父卒,羁旅淮南,欲上书干谒而无纸墨,行叹道中。有娼妇遇之,问曰:"少年子何不乐如此?"齐丘以情告,召归,置食赠钱数千,因曰:"郎时至此,不遣郎有所阙也。"齐丘感之,及贵,纳为正室。骑将姚洞天荐于烈祖,烈祖奇其才,与为布衣交,动静皆与之谋。后烈祖除昇州刺史,辟齐丘为判官。义祖出镇建邺,改烈祖为润州,烈祖意求宣州,闻命不乐。宋齐丘曰:"今三郎政乱,败在朝夕,京口去淮南隔一水,若有变,必先知之,是天赞我也。"

三郎，知训也。未几，果有朱瑾之事，烈祖轻舟渡江，镇定内外，以待义祖之至。义祖以己子既弗克负荷，用烈祖犹愈于他人，因留辅政。先是，知训待烈祖甚悖，每呼为乞子，与诸弟夜饮，遣召烈祖，烈祖不至，知训怒曰："不吃酒，吃剑乎？"余皆类此。及败，知训宅中有土室，封固①甚固，烈祖请义祖开视，其中绢图义祖之形，而身荷五木，烈祖及诸弟执缚如就刑之状，己被衮冕，南面视朝。义祖唾曰："狗死迟矣。"烈祖因疏其罪恶事，怒遂少解，死者犹数家。烈祖得政，以爱民节用为本，甚得当时之誉。吴宣王即尊位，烈祖当相，而勋旧有未登三事者，烈祖不欲自尊大，乃以左仆射参政事。时诸国交兵，江淮为强盛，烈祖增修法度，人获乂安，识者归心焉。义祖殂，知询以罪废，大政由己矣。数岁，出镇建邺，封齐王，制度如义祖，以长子景通居中辅政，宋齐丘、王谟皆为相。孙晟自中原来奔，与语大奇之，引居门下。徐知询卒，李建勋来归幕府，遂与大将周宗等进禅代之议。受禅之日，白雀见于庭，江西杨化为李，信州李生连理，诏还李姓，国号"唐"，立高祖已下七庙，尊吴主为让皇。信州李德诚、庐州周本，皆杨氏旧老，上言吴王已逊位，宜依晋魏故事，降封王公，出居别邸。烈祖曰："曹马之事，非朕志也。"固请不已，乃徙让皇于丹徒，迁诸杨于泰州。初吴武王讳行密，谓杏为"甜梅"，及是复呼为"杏"，故老有泣下者。烈祖日于勤政殿视政，有言事者，虽徒隶必引见，善揣物情，人不能隐，千里之外，如在目前。诏立齐王景通②

---

① 原本为"闭"字，今据清本补。
② 原本缺"通"字，今据前文补。

为皇太子，王表愿寝此礼，三表许之，以大元帅总百揆。信王
景遏，先娶德诚之女，中兴后有司以同宗姓，请离之。制曰：
"南平王，国之元老，婚不可离，信王妃可以南平为氏。"南平，
德诚所封也。景迁母种氏，晚岁尤承恩宠，宋后罕得接见。烈
祖幸齐王宫，遇其亲理乐器，大怒，切责数日。种氏承间言景
迁之才可代为嗣，烈祖作色曰："国家大计，女子何预？"立嫁
之。烈祖殂，宋后欲甘心数四，赖元宗保全之。烈祖服大丹，
药发而殂，大渐，啮元宗指见血曰："北方有事，不可忽也。"中
书侍郎孙晟草遗诏，以宋后监国，翰林学士李夷邺曰："此非
先旨，必奸人所为，大行常云：'妇人预政，乱之本也。'安肯自
作祸阶？且嗣君明德闻于天下，汝曹何遽为亡国之计？若遂
宣行，吾对百僚裂之必矣。"遂寝。元宗即位，谓夷邺曰："疾
风劲草，卿之谓也。"元宗讳璟，烈祖长子也，初名景通，幼为
义祖所器，常曰："诸孙中，此子特贵。"虔州刺史钟泰①章恃功
放恣，烈祖欲绳其罪，义祖曰："昔无章，吾已死于颢②手，汝曹
安所托乎？今日富贵，章之力也，背之岂人理？"乃令以章女
配元宗，义祖初见叹曰："非此儿不敌此女。"即光穆皇后也。
元宗起家尚书郎，吴让皇称之曰："朕诸子皆不及也。"烈祖出
镇建邺，以元宗居中辅政，甚得时誉。烈祖即位，为大元帅，
总百揆。烈祖殂，逊于诸弟，词旨坚固，中书令徐玠以衮冕衣
之曰："大行陛下以神器之重畀陛下，陛下固守小节，非所以
尊先旨、承孝道也。"乃嗣位，改元保大。太常博士韩熙载上

---

① 原本缺"泰"字，今据前文补。
② 原本误作"镐"，今据前文改。

疏曰："踰年改元,古之制也,事不师古,何以训人?"时制书
已行,遂不改诏。立皇弟景遂为皇太弟,冯延巳自元帅掌书记
为翰林学士承旨,延鲁自水部员外郎为中书舍人。延鲁急于
趋进,欲以功名图重位,乃兴建州之役。延巳曰:"士以文行
饰身,忠信事上,何用行险以要禄。"延鲁曰:"兄自能如此,弟
不能惝惝待循资宰相也。"始王氏政乱,闽人闻我师之至,皆
伐木开道,壶浆奉迎。既下建州,军无节制,大掠数日,民不
堪其苦,思效顺者解体矣。陈觉为招讨使,矫制进围福州,表
言朝夕可克,元宗以为实,令王崇文为统帅,冯延鲁亦往,诸
将争功,自相违贰,崇文不能制。会钱唐以兵数千来救,我师
不战而溃,诏锁觉及延鲁赴建邺。既至,寻赦其罪。始马殷据
湖南,并桂管之地,马希范卒,弟希广立,庶兄希萼自永州赴
丧,判官李恒皋知欲为变,未至,以为朗州节度。岁余,举兵
杀希广,代其位。少弟希崇又废希萼自立,幽希萼送衡州,将
杀之。大姓廖偃与叔匡凝以部曲数百人劫希萼于道,奉为衡
山王,以伐希崇。数日有众万人,希崇遣使求救于我,元宗命
袁州刺史边镐督兵赴援,其实袭之也。时长沙童谣曰:"鞭打
马,马须走。"兵至,希崇、希萼皆降,余郡相次归附,乘乱取广
南、桂管之地。朗州刘言亦自为刺史,命将军李建期屯益阳以
图朗州,将军张峦屯零陵以图桂州。镐以偏兵,不百日而下一
国,四方闻之以为神。镐性轻信,自朗州至者,皆陈言之忠顺,
镐不为备。岁余,朗州土豪王逵袭杀建期,进逼长沙,奉言为
主,言不能制,镐弃城遁归,诸郡皆没,唯峦全军而回。周师南
伐,进逼寿州,刘彦贞督兵北征,战败于正阳,死于阵。淮十

方用兵,钱唐乘虚围我常州,命将军柴克宏往救。常州有隋将陈仁呆祠,克宏将战,夜梦仁呆曰:"吾遣阴兵助尔。"及战,有黑牛二头冲钱唐之阵,我师继之,乃大破之,斩首万余,遂解常州之围,以克宏为江州节度使,册仁呆帝号,谥"武烈"。右仆射孙晟使周,给事中王崇质为介。晟至汴京,谓崇质曰:"吾观事势,不生还矣。君家百口,当别为谋。"乃白世宗,遣崇质归计事,会钟谟、李德明亦至,世宗又遣德明至建邺,盛陈世宗威德,请割地求和。宋齐丘深恶德明,使崇质异其言,乃以卖国诛德明。世宗召晟责之,因曰:"诸将围寿州,久未克,汝能降之,朕赦汝罪。"晟至城下,见刘仁瞻,遥呼曰:"君受国家旌旄,臣节不可隳也。且援兵至。"世宗大怒,囚至汴京斩之。晟临刑神色不变,南望再拜曰:"死不负陛下矣。"既而泗州降北,诸军继败,乃遣陈觉奉表,割江北之地求成,世宗许之。遂去尊号,称国主,用周正朔。太弟景遂固请归藩,立长子冀为太子,时丹徒得古铭曰"天子冀州人",众以冀应之。未几,冀卒,识者谓冀州,赵地也,陈觉乘间言:"社稷祸在朝暮,请陛下晏居宫中,国政尽付宋齐丘,以纾丧乱。"元宗以戎事未宁,隐忍不发。钟谟自汴京归,理德明之怨,乃言人臣窥国,理不可容,遂诛觉,幽齐丘于青阳,寻亦卒,谥"丑谬"。谟使回,为礼部侍郎任用,权倾中外,与信州刺史张峦有旧,峦入为天德军使,每诣谟第,常屏人独语,中夜乃止。给事中唐镐密言恐有他变,宜先图之,会太子冀葬,谟固请敕峦以所部兵马为京城巡徼,元宗乃下诏数谟侵官之罪,贬于饶州,缢死。峦亦黜为宣州副使。元宗殂于南都,南都豫章也。太子即位于建邺,梓宫至日，南都群臣表请殡于别宫，后主下诏不许，哭甚哀切，乃殡于万寿殿。元宗神彩精粹，辞旨清畅，湖南使至，归与亲友言曰："尔不^①识东朝官家，南岳真君不如也。"

后主讳煜，字重光，元宗第五子也。幼而好古，为文有汉魏风，母兄冀为太子，性严忌，后主独以典籍自娱，未尝干预时政。冀卒，立为太子。元宗幸南都，后主监国于建邺，临事明允，甚得时誉。元宗崩，哀毁过礼。即位立妃周氏为后。句容尉张佖上书言为理之要，词甚激切，后主手诏慰谕，征为监察御史。周后疾，后主朝夕临视，药非亲尝不进，衣不解带者逾月。及殂，哀毁骨立，杖然后起。立后妹为后，王者婚礼，历代少有。诏中书舍人徐铉、知制诰潘佑与礼官参议，互有矛盾，议久不决，后主^②令文安郡公徐游评其是非。时佑方宠用，游希旨奏佑为长。月余，游病疽，铉戏谓人曰："周孔亦能为崇乎？"佑既居亲密，欲尽去旧人，独当国政，后主亦恶之，俄以本官专知国史，佑弥不乐，乃非诋公卿，与户部侍郎李平亲狎，上表言左右皆奸邪，不诛，为乱在即。后主手书敦谕，七表不止，因请休官远去。李平初与朱元自北来，元已叛去，平深厚难测，后主虑其同构大奸，乃暴其罪而诛之。后谓左右曰："吾诛佑、平，思之踰月不决，盖不获已也。"烈祖初立，庶事草创，未有贡举，至元宗始议兴置。时韩熙载、徐铉兄弟为当代文宗，继以潘佑、张泊以才名显，后主尤好儒学，故江左三十

---

① 原本缺"不"字，今据清本补。
② 原本缺"主"字，今据清本补。

年文物,有贞元、元和之风。元宗称臣于周,惟去尊号,用周正朔,其诸制度犹未全改。后主即位,始衣紫袍。广、扬既下^①,王师屯汉阳,鄂州杨守中以闻,人心大恟,乃下制贬损,台省名号,并皆改易,王皆降封公。遣长弟从善入贡,因留质。后主天性友爱,自从善不还,岁时宴会皆罢,惟作《登高赋》以见意,曰:"原有鸰兮相从飞,嗟我季兮不来归。"天朝使中书舍人卢多逊来聘,南伐之谋兆于此矣。后主微知之,遣使愿受封策,太祖不许。甲戌岁,夏,梁迥来聘,从容谓后主曰:"今冬有柴燎之礼,国主当来助祭。"后主唯唯不答。秋初,中书舍人李穆赍诏来曰:"朕以仲冬有事于圜丘,思与卿同阅牺牲。"后主辞以疾。时大兵已在荆湖,惟候穆之反命。后主既不赴召,遂决进取。九月,舟师自大江直趋池州,中外夺气。樊若水父,保大末为汉阳县令,父卒,家池州,累举进士不第,至汴京上书,太祖谓之有才术,累迁资善大夫,平南之策多所参预。时虽得池州及姑熟,余郡皆未奉命,粮道艰阻。若水请于采石系桥,以利输挽。每岁大江春夏暴涨,谓之黄花水,及天兵至,水皆退小,识者知天命焉。钱唐悉兵来围常州,主将禹万诚固守,大将金成礼劫万诚以降,而天兵已屯于建邺城南十余里,钱唐又进围润州。兵初兴,议者以京口要害,当得良将,侍卫厢虞候刘澄,旧事藩邸,后主尤亲任之,乃擢为润州留后,临行谓曰:"卿本未合离孤,孤亦难与卿别,但此非卿不可,勉副孤心。"澄泣涕奉别,归家尽辇金玉以往,谓人曰:"此皆前后

所赐，今国家有难，当散此以图勋业。"后主闻之益喜。及钱唐兵初至，营构未成，左右请出兵掩之。时澄已怀向背，坚曰："兵出，胜则可，不胜则立为虏矣。救至，然后图战。"后主又命卢绛为援，绛至，钱唐兵少退，绛方入城，围又合矣。固守累月，自相猜忌。初，绛怒一裨将，将议杀之，未决，澄私谓曰："卢公怒尔，尔不生矣。"裨将泣涕请命，澄因曰："吾有一言告尔，非徒免死，且富贵。"因谕以降事，令先出导意。裨将曰："奈缘某家在都城何？"澄曰："事急矣，当且为身谋，我家百口亦不暇顾矣。"是夜，裨将赴城而出。明日，澄遍召将卒，告曰："澄守数旬，志不负国，事势如此，须为生计，诸君以为何如？"将卒皆发声大哭，澄惧有变，亦泣曰："澄受恩固深于诸君，且有父母在都城，宁不知忠孝乎？但力不能抗耳。"于是率将吏开门请降。建邺初围，后主遣使征上江兵入援，以建昌军制置使朱赟①为统将。时胜兵数万，屯于湖口不进。后主累促之，至皖口，方交战，船为天兵所围，赟自救之，被执，余兵皆溃。建邺受围经岁，城中斗米十千，死者相藉，惟恃此救，自润州降后，不闻外信，出降者相继，或云赟已败死，后主犹谓不实。城陷，后主欲自杀，左右泣涕固谏得止。元宗、后主皆妙于笔札，好求古迹，宫中图籍万卷，钟、王墨迹尤多，城将陷，谓所幸宝仪黄氏曰："此皆吾宝惜，城若不守，尔可焚之，无使散逸。"及城陷，黄氏皆焚，时乙亥岁十一月也。后主至汴京二岁，殂，南人闻之巷哭设斋。后主初即位，中使赵希操

---

① 《钓矶立谈》作"朱令赟"。

自建邺奉使江西,夜宿姑熟,中宵忽闻二人相语曰:"君自金陵来,新王何以为理?"一曰:"吾闻新王以仁孝为理。"又曰:"如是则明王也。"久之,又闻一人曰:"然则水木之岁,当至汴梁。"希操心喜,以后主终得中原,果以乙亥岁国除入天朝。后主妙于音律,乐曲有《念家山》,亲演其声为《念家山破》,识者知其不祥。至甲戌岁,有卫兵秦福自毁其鞋,跣足升正殿御座,论者以鞋者履也,履与李同,言李氏将败,此殿为秦人所得也,秦、赵古同姓焉。后主酷好著述,《杂说》百篇行于代,时人以为可继《典论》。江南大臣至中朝,名最显著者徐铉,字鼎臣,与弟锴同有大名于江左,方之士衡、士龙焉。锴,字楚金,先城陷而卒,著书甚多,谥为"文"。后主文集,锴为之序,新说又铉为序。铉著《质论》十余篇,后主宸笔冠篇,儒者荣之。

　　江南别录终。

南京稀见文献丛刊

江表志

（宋）郑文宝 著

点校 邹劲风

南京出版传媒集团
南京出版社

目　录

江表志叙

　　江表志者,有国之时,朝章国典粲然可观,执政大臣以史笔为不急之务。洎开宝中,起居郎高远当职,始编辑昇元以来故事,将成一家之言。书未成,远疾亟,数箧文章皆令焚之,无孑遗矣。太宗皇帝欲知前事,命汤悦、徐铉成《江南录》十卷,事多遗落,无年可编,笔削之际,不无高下。当时好事者往往少之,文宝耳目所及,编成三卷,方国志则不足,比通历则有余,聊补足以俟来者。庚戌岁闰三月二十三日。

江表志卷上

　　南唐高祖姓李，讳知诰，生于徐州，有唐郑王疏属之枝派。父志，祖荣，俱不仕。帝少孤，有姊出家为尼，出入徐温宅，与温妻李氏同姓，帝亦随姊往来，温妻以其同宗，怜其明慧，收为养子，居诸子之上，名曰"知诰"，累典郡符。温为丞相，封齐王，出镇金陵，留帝在都，执杨氏政事。帝沉机远略，莫知其际，折节谦下，中外所瞻，才及弱冠，即秉大权。扬都浩繁之地，海内所闻，率由俭素，无所耽溺，内辅幼主，外弼义父，延杨祚十余年，帝之力也。丞相薨，尽总其兵。尝以谶词有"东海鲤鱼飞上天"之语，由是怀逼主禅位之心矣。帝加九锡，封齐王。丙申年，执政者欲尽杨氏一朝，然后受禅。烈祖不可，遂以国称"唐"，改元"昇元"，更姓李氏，名昪，追尊丞相温为义祖皇帝，吴帝为让皇帝。在位七年，年五十六，庙号"烈祖"，谥曰"孝高"，陵曰"永陵"。元恭皇后宋氏祔焉。子璟立，即元宗也。

皇子

　　元宗　晋王景遂改封燕王，赠太子　齐王景达改封鄂王，赠太子
江王景逿赠中书令，俱元宗弟

宰相

　　宋齐丘　王令谋　张延翰　李建勋　周宗　严球　张居永　孙晟

使相

李德诚_{赵王} 张崇 张宣 周本 李简 王舆 刘威
刘信 王绾 柴再用 刘金 徐玠① 马仁裕

枢密使

杜光邺 陈褒

将帅

崔太初 王舆 姚景 祖重恩 李镨

文臣

杨彦伯 高弼 孙晟 李正明 龚凛 萧俨 成幼文
贾潭

严球为相。是年，王慎辟奉使北朝，球在病请告。烈祖授以论答，凡百事，皆中机务。然严球未见，更就宅访之，球览毕，尤所称美，请更添一二事：北朝若问黑云长剑多少，及五十指挥，皆在都下，柴再用不曾赴镇，将何以对。慎辟既到北朝，一无所问，首问黑云长剑并柴再用所之，慎辟依前致对。梁太祖锐意南征，即时罢兵。慎辟还朝，夜宿金山，尝有诗云："淮船分蚁点，江市聚蝇声。"烈祖性多猜忌，闻之，宋齐丘因而兴谮，收慎辟以竹笼，盛之沉于江口。

魏王知训②，徐温之子也，烈祖曲宴，引金觞赐酒，曰："愿我弟千年长寿。"魏王意烈祖置毒，引他器均之，曰："愿与陛

---

① 原本误作"价"。
② 诸本皆为"知训"，然知训为徐温长子，已于杨吴时被杀，此则当为徐温次子"知询"。

下各享五百岁。"烈祖不饮，申渐高乘谈谐并而饮之，纳金钟于怀袖，亟趋而出，到家脑溃而终。

宋齐丘镇金陵，有布衣李匡尧累赞于宋，宋知其忤物，托以他故，终不与之见。一日，宋公丧子，匡尧随吊客造谒宾司，复却^①之，乃就宾次大署二十八字，却云："安排唐祚挫强吴，尽是先生设庙谟。今日丧雏犹自哭，让王宫眷合如何。"

让王迁于泰州永宁宫，数年未卒，每有枯杨生枝叶，延及五载，即有中使赐袍笏加冠，即日而终。

让皇居泰州永宁宫，尝赋诗云："江南江北旧家乡，三十年来梦一场。吴苑宫闱今冷落，广陵台榭已荒凉。云笼远岫愁千片，雨滴孤舟泪万行。兄弟四人三百口，不堪回首细思量。"

申渐高尝因曲宴，天久无雨，烈祖曰："四郊之外皆言雨足，惟都城百里之地亢旱，何也？"渐高云："雨怕抽税，不敢入城。"翌日，市征之令得蠲除。

种氏者，乐部中之官伎也。有宠于永陵，生江王景逿。烈祖矜严峻整，有难犯之色，尝作怒数声，金铺振动。种夫人左手擎饭，右手捧匙，安详而进之，雷电为少霁，后封越国太妃。

柴再用按家乐于后园，有左右人窃于其门隙观之，柴知，乃召至后园，使观按习，曰："隙风恐伤尔眸子。"

---

① 原本为"赞"，据清本改。

江表志卷中

元宗名璟，烈祖元子也，母曰宋太后。帝谦和明睿，奢俭得中，搜访贤良，训齐师旅，政无大小，咸必躬亲，又善晓音律，不至躭溺，深知理体，洞明物情，盛德闻于邻国矣。在吴朝为太子谕德，后累居丞相。尝于庐山构书堂，有物外之意。烈祖即位，为皇太子，烈祖崩，于枢前即位。年四十六①，在位十九年崩，庙号"元宗"，谥曰"明道崇德文宣孝皇帝"，陵曰顺陵。后光穆钟氏。年号二：保大、交泰。

皇子

太子冀少亡　陈王少亡　保宁王少亡　庆王宏茂少亡　后主从嘉　韩王从善改封楚国公　邓王从益改封江国公　吉王从谦降封鄂国公　昭平郡公从度　文阳郡公从信

宰相

宋齐丘　李建勋　冯延巳　徐游　孙晟　严续　陶潜

使相

李德诚　王崇文　郭宗　柴克宏　谢匡　朱业　孙汉威　皇甫晖　刘彦真　刘仁赡

枢密使

严续　汤悦　李征古　陈觉　唐镐　陈处尧　魏岑

---

① 李璟（916—961），原本如此。

伪王

　　楚王马希萼　　闽王王延政

将帅

　　马先进　陈海　魏韶　何洙　林仁肇　张汉卿　郭彦
华　邱仁诩　陆孟俊　王建封　祖重恩　马存贵　郑再诚
张彦卿　刘崇俊　张全约　时厚　武彦晖　成师朝　查文徽
　许文缜　边镐　陈承昭　高弼

文臣

　　江文蔚　王仲连　李夷业　游简言　汤悦　常梦锡
朱巩　陈元藻　冯延鲁　潘承祐　高远　张义方　田霖　高
越　贾潭　张纬　钟谟　李正明　张易　赵宣辅^①　陈继善

　　元宗为太子日，尝问安寝门，会烈祖酣寝未解，梦便殿有
龙据阑槛，蜿蜒可惧。烈祖既寤，命左右观之，即太子也。

　　苏洪至扬州版筑，发一冢，不题姓名，刊石为铭曰："日为
箭兮月为弓，射四方兮无终穷。但见天将明月在，不觉人随流
水空。南山石兮高穹窿，夫人墓兮在其中。猿啼乌叫烟蒙蒙，
千年万岁松柏风。"

　　右散骑常侍王仲连，北土人，事元宗。元宗尝谓曰："自古
及今江北文人不及江南才子之多。"仲连对曰："诚如圣旨。陛
下圣祖玄元^②皇帝降于亳州真源县，文宣王出于兖州曲阜县，
亦不为少矣。"嗣主有愧色。

---

①　原本脱"辅"字，今据清本改。
②　原本作"元玄"，今据清本改。

　　两浙钱氏偏霸一方,急征苛惨科赋,凡欠一斗者,多至徒罪。徐玚尝使越,云三更已闻麏麚号叫达曙,问于驿吏,曰:"乃县司征科也。"乡民多赤体,有被葛者,多用竹篾系腰间,执事者非刻理不可,贫者亦家累千金。

　　元宗割江南之后,金陵对岸,即为敌境,因迁都豫章,舟车之盛,旌旗络绎凡数千里,百司仪卫洎禁校帑藏,不绝者近一载。上每北顾,忽忽不乐,澄心堂承旨秦裕藏,多引屏风障之。尝吟御制诗曰:"灵槎思浩渺,老鹤忆岏峒。"

　　元宗友爱之分,备极天伦。登位之初,太弟景遂、江王景逷、齐王景达出处游宴,未尝相舍,军国之政同为参决。保大五年元日,天忽大雪,上召太弟以下,登楼展宴,咸命赋诗。令中使就私第赐进士李建勋。建勋方会中书舍人徐铉、勤政殿学士张义方于溪亭,即时和进。元宗乃召建勋、铉、义方同入,夜分方散,侍臣皆有兴咏,徐铉为前后序,太弟合为一图,集名公图绘,曲尽一时之妙。御容,高冲古主之;太弟以下、侍臣、法部丝竹,周文矩主之;楼阁宫殿,朱澄主之;雪竹寒林,董元主之;池沼禽鱼,徐崇嗣主之。图成,无非绝笔,侍宴诗才记数篇而已。御制诗云:"珠帘高卷莫轻遮,往往相逢隔岁华。春气昨宵飘律管,东风今日放梅花。素姿好把芳姿掩,落势还同舞势斜。坐有宾朋尊有酒,可怜清味属侬家。"建勋诗云:"纷纷忽降当元会,着物轻明似月华。狂洒玉墀初散絮,密粘宫树未妨花。回封双阙千寻峭,冷压南山万仞斜。宁意晚来中使出,御题先赐老僧家。"铉诗云:"一宿东林正气和,便随仙仗放春华。散飘白絮难分影,轻缀青旂始见花。落砌更依宫舞转，入楼偏向御衣斜。严徐更待金门诏，愿布尧言贺万家。"义方诗云："恰当岁日纷纷落，天宝瑶花助物华。自古最先标瑞牒，有谁轻拟比杨花。密飘粉署光同冷，静压青松势欲斜。岂但小臣添兴味，狂歌醉舞一千家。"

陈觉、李征古，少日依托镇南楚公宋齐丘，援引至枢密使。保大之末，王室多故，觉及征古屡上变言天命已改，请元宗深居后苑，委国老摄国事。令陈乔草勃，乔袖勃上前曰："陛下既署此勃，臣不复见陛下矣。"元宗使钟谟言于周世宗曰："罪大。臣理合奏启。"世宗曰："自家国事，我国何预。"元宗乃命汤悦草制曰："恶莫大于无君，罪莫重于卖国。宋齐丘本一布衣，遭遇先帝，不二十年，穷极富贵。陈觉、李征古言齐丘是造国之手，理当居摄"云云。即日徙齐丘青阳安置，觉、征古各赐自尽。齐丘将至青阳，绝食数日，后命至，家人亦菜色。中使云："令公捐馆，方使供食。"家人以絮掩口而卒，有黑气一道舟中起，直贯九华。

朱尊度，本青州书生，好藏书，高尚不事，闲居金陵，著《鸿渐学记》一千卷，《群书丽藻》一千卷，《漆书》数卷，皆行于世。

太平县聂氏女，方十三，随母采薪，母为暴虎搏去，蹲之将食，女持刀自后跳虎脊，交抱连割其颈，虎奋掷不脱，遂自困死，女舍之，归告乡人，共收母尸。

元宗嗣位，李建勋出师临川，谓所亲曰："今主上宽大之度，比于先帝远矣。但性习未定，左右献替，须得方正之士，若目前所睹，终恐不守旧业。"及冯延鲁、陈觉出讨闽中，征督军粮，急于星火。建勋以诗寄延鲁曰：“粟多未必为全计，师老须防有援兵。”既而福州之军果为越人所败，归并司空，累表致政，自称为“钟山公”，诏授司徒不起，时学士汤悦致状贺之，建勋以诗答曰：“司空犹不受，那敢作司徒。幸有山公号，如何不见呼？”先是，宋齐丘自京口求退，归于青阳，号九华先生，未周岁，一征而起，时论薄之。建勋年德未衰，时望方重，或有以宋公比之，因为诗曰：“桃花流水须相信，不学刘郎去又来。”捐馆之夕，告门人曰：“时事如此，吾得保全，为幸已甚。吾死，不须封树立碑，冢土任民耕凿，无延他日毁斲之弊。”其后，甲戌之岁，公卿茔域为兵发殆遍，独建勋莫知葬所，讫不及祸。

魏王知训为宣州帅，苛暴敛下，百姓苦之，因入觐侍宴，伶人戏作绿衣大面胡人若神鬼状。旁一人问曰：“何绿衣？”对曰：“吾宣州土地神，今入觐和土皮掠来，因至于此。”①

张崇帅庐江，好为不法，士庶苦之。尝入觐江都，庐人幸其改任，皆相谓曰：“渠伊必不复来矣。”崇归闻之，计口征“渠伊钱”。明年再入觐，盛有罢府之耗，人不敢指实，皆道路相目，捋须相庆。归又辄征“捋须钱”。尝为伶人所戏，使一伶假为人死，有谴当作水族者，阴府判曰：“焦湖百里，一任作獭。”崇亦不惭。②

冯谧朝堂待漏，因话及：“明皇赐贺监三百里镜湖，今不敢过望，但得恩赐元武湖三十里，亦当足矣。”徐铉曰：“国家

① 即徐知训事。然知训死于先主建南唐之前，而此则置于中主篇内，不知何故。
② 此则亦杨吴时事。

不惜元武湖,所乏者贺知章耳。"

徐公撰《江南录》,议者谓之不直,盖不罪宋国老故也。国老当淮甸失律之后,援引门人陈觉、李征古掌枢密之任,且授其意曰:"天命已去,元宗当深居后苑,国老监国。"元宗诏将行,陈乔草诏,争之而止,举国皆闻,为臣之道,余可知矣。

文宪太子冀,既正储闱,颇专国,而又率多不法。元宗一日甚怒,挞之以球杖,且曰:"当命太弟景遂代之。"冀有惭色。他日密使人持酖付昭庆宫使袁从范。从范从太弟在金陵,未几从范子承乾为景遂嬖臣宋何九诳构,遂置之法。从范惧而且怨,会景遂击鞠暑渴,从范进浆,遇酖,即日薨,未殡而体已溃矣。

元宗诛戮大臣之后,暮年于禁中往往见宋齐丘、陈觉、李征古如生,叱之不去,甚恶之,因而南幸。太子冀既病,数见太弟景遂为祟于昭庆宫中。

前进士韩熙载行止状云:"熙载本贯齐州,隐居嵩岳,虽叨科第,且晦姓名。今则慕义来朝,假身为贾,既及疆境,合贡行藏。某闻钓巨鳌者,不投取鱼之饵;断长鲸者,非用割鸡之刀。是故有经邦治乱之才,可以践股肱辅弼之位,得之则佐时成绩,救万姓之焦熬;失之则遁世藏名,卧一山之苍翠。某爰思幼稚,便异凡童,竹马蓬弧,固罔亲于好弄;杏坛槐里,能不倦于修身。但励志以为文,每栖心而学武。得麟经于泗水,宁怯义图;受豹略于邙圯,方酣勇战。占惟奇骨,梦以生松,敢期隆印之文,缅愧担簦之路。于是撄龙额,编虎须,缮献捷之师徒,修受降之城垒。争雄笔阵,决胜词锋。运陈平之六奇,飞鲁连之一箭。场中劲敌,不攻而自立降旗;天下鸿儒,遥望而尽摧坚垒。横行四海,高步出群,姓名遽列于烟霄,行止遂离于尘俗。且口有舌而手有笔,腰有剑而袖有锤,时方乱离,迹犹飘泛,徒以术探韬略,气激云霄,瞋目张而闪电摇,怒吻发而惊雷动。神区鬼甸,天盖地车。斗霹雳于云中,未为跻捷;喝樗蒲于筵上,不是酋豪。蕴机谋而自有英雄,仗劲节而岂甘贫贱,但攘袂叱咤,拔剑长嗟,不偶良时,孰能言志,既逢昭代,合展壮图。伏闻大吴肇基,聿修文教,联显懿于中土,走明恩①于外夷,万邦咸贞,四海如砥。燮和天地,岩廊有禹稷皋陶;洒扫烟尘,藩翰有韩彭卫霍。岂独汉称三杰,周举十人。凝王气于神都,吐祥云于丹阙。急贤共理,侔汉氏之县科;待旦旁求,类周人之设学。而又邻邦接畛,敌境连封,一条之鸡犬相闻,两岸之马牛相望。彼则恃之以力,数年而顿见倾亡,此则理之以贤,一坐而更无骚动。由是见兴衰之势,审吉凶之机,得不上顺天心,次量人事,且向明背暗,舍短从长,圣贤所图,古今一致。然而出青山而裹足,渡长淮而弃缧,派遥终赴于天池,星远须环于帝座,是携长策,来诣大朝。伏惟司空楚剑倚天,秦松发地,言雄武则平窥绛灌,语兵机则高掩孙吴,经授素王,书传元女,莫不鞭挞宇宙,驱役风霆。牢愁积而髀肉消,顺气激而腕臂扼,一怒而豺狼窜匿,再呼而神鬼愁惊。搥蛮皷而簸朱旗,雷奔电走;掉燕锤而挥白刃,月落星飞。命将拉龙,使兵擒虎,可以力平鲸海,可以拳击鳌山。破坚每事

---

① 原本为"思"字,今据清本改。

于先登,敌无不克;策马常居于后殿,功乃非矜。国家付以肺肝,用为保障,勋藏盟府,名镂景钟。今则政举六条,地方千里,示之以宽猛,化之以温恭。缮甲兵而耀武威,绥户口而恤农事。谩洒随车之雨,霑沃良田;轻摇逐扇之风,吹消沴气。可谓仁而有断,谦而愈光。贤豪向义以归心,奸宄望风而屏迹,行见秉旄仗钺,列土分茅。修职贡以勤王,控临四海;率诸侯而定霸,弹压八方。遐迩具瞻,威名洽著。况复临广庭以待士,开上宫以礼贤,前席请论其韬钤,危坐愿闻于典故。古今英杰,孰可比论。某方越通津,已观至化,及来上谒,罔弃谀才。是敢辄述行藏,尽铺毫幅。况闻鸟有凤,鱼有龙,草有芝,泉有醴,斯皆佳瑞,出应昌期。某幸处士伦,谬知人理,足以副明君之奖善,恢圣代之乐贤。昔娄敬布衣,上言于汉祖;曹刿草泽,陈谋于鲁公。失范增而项氏不兴,得吕望而周朝遂霸,使远人之来格,实至德之克昭。谨具行止如前,伏请准式。顺义六年七月,归明进士韩熙载。"

江表志卷下

后主讳煜,字神光①,母曰钟太后。太子冀甍,后主当立,钟谟以其德轻志放,请立其弟从谦。元宗不可,遂立煜为太子,以总百揆。元宗南幸洪都,留后主居守金陵。数月,元宗殂,遗诏煜就金陵即位,称北朝正朔,建隆壬戌岁也。后主天性纯孝,孜孜儒学,虚怀接下,宾对大臣,倾奉中邦,惟恐不及。加以留心著述,勤于政事,至于书画,尽皆精妙。然颇耽竺乾之教,果于自信,所以奸邪得计,排斥忠谠,土地日削,贡举不充,越人肆谍,遂为敌国。又求援于北朝,行人泄谋,兵遂不解矣。二十六即位,十四年己亥,国亡,封陇西公,赠吴王,葬北邙。郑国夫人周氏祔,起建隆二年,终开宝八年。

皇子

清源郡公仲禹　岐王仲宣少亡

宰相

严续②　徐游　游简言　汤悦

使相

林仁肇　王崇文　何洙　汤悦　朱业　陈海　黄廷谦
严续　柴克贞　皇甫继贞　郑彦华

枢密使

---

① 当作"重光",今据清本改。
② 原本缺"续",今据清本补。

严续　朱鞏　陈乔

将帅

陈谦　陈德诚　孙彦祥　李彦虬　沙万金　刘存忠
胡则　宋克明　高彦　林益　张粲　张遇　马信仁　蔡振
穆坚　谭宗　张进勍　张仁照　李雄　吴翰　龚慎仪　罗延
原　马承俊　谢彦质　谢文节

文臣

徐铉　徐锴　韩熙载　王克贡　张洎　龚颖　张泌
汤静　朱铣　乔舜　潘祐　汤澥　汤滂　郭昭庆　孙举　伍
乔　孟拱辰　高远　高越　冯谧　李平　张诏　贾彬　田霖
顾彝　赵宣辅

后主嗣位之初，夜梦有羊据文德殿御榻而坐，甚恶之。
洎乙亥冬，太祖吊伐之初，首命吏部郎中杨克让知府事，故知
阴数定也。

柳宣为监察御史，居韩熙载门下，韩以帷箔不修，谪授
太子右庶子，分司南都。议者疑柳宣上言，宣无以自明，乃上
章雪熙载事，后主叱曰："尔不是魏征，频好直言。"宣曰："臣
非魏征，陛下亦非太宗。"韩熙载上表，其略云："无积草之功
可裨于国，有滔天之罪自累其身，又老妻伏枕以呻吟，稚子环
床而号泣。三千里外，送孤客以何之；一叶舟中，泛病身而前
去。"遂免南行。后卧疾，终于城南戚家山南。后主赐衾被以
殓，赠同平章事，所司以为无赠宰相之故事，后主曰："当自我
始。"徐铉祭文所谓："黔娄之衾，赐从御府；季子之印，佩入

泉扃。"

后主奉竺乾之教，多不茹荤，常买禽鱼为放生。

北苑水心西有清辉殿，署学士事太子少傅徐邈、太子太保文安郡公徐游，别置一院于后，谓之"澄心堂"，以皇姪元楎、元机、元榆、元枢为员外郎及秘书郎，皆在其内。出入内庭密画，中旨多出其间，中书密院皆同散地。用兵之际，降御札移易兵士，密院不知。皇甫继勋伏诛之后，夜出万人斫寨，招讨分兵署字，不知何往，皆出澄心堂。直承宣命者，谓之"澄心堂承旨"，政出多门，皆傚此也。

宋齐丘为儒日，修启投姚洞，其大略云："城上之呜呜晓角，吹入愁肠；树头之飒飒秋风，结成离恨。"又曰："其如干恳万端，无奈饥寒两字。"时有识者云："当须殍死。"果如其言。

胡则守江州，坚壁不下，曹翰攻之危急。忽有旋风吹文字一纸坠于城中，其词曰："由来秉节世无双，独守孤城死不降。何似知机早回顾，免教流血满长江。"翰攻陷江州，杀戮殆尽，谓之洗城焉。

开宝中，将兴兵革。吉州城头有一人，大面方三尺，睘目多须，状如方相，自旦至申酉时，郡人睹之，众所惊异，明年国亡之应也。

《霓裳羽衣曲》，自兵兴之后绝无传者，周后按谱寻之，尽得其声。

二朝父子为相者，严可求、严续；父子为将者，刘信、刘彦真、王绾、王崇文、周本、周业、陈诲、陈德诚、皇甫晖、皇甫继勋，兄弟与彦真，姪存忠亦为将。兄弟承恩遇者，冯延巳、泜鲁兄弟;有大名者,徐铉、徐锴二人连呼。文章则韩熙载、伍乔,正直则萧俨、常梦锡,权势则钟谟、李德明。

建康受围二岁,斗米数千,死者相藉,人无叛心。后主殂于大梁,江左闻之,皆巷哭为斋。

国中至冤者,多立于御桥之下,谓之拜桥,甚有操长钉、携巨斧而钉脚。又有阑入立于殿庭之下者,为拜殿。进士曹觊南省下第,乃钉足,谢泌下第,立殿称冤,举人之风扫地矣。

后主即位之初,张泌上书:"建隆二年七月二十八日,将仕郎守江宁府句容县尉张某言:顿首顿首,死罪死罪,谨上书陛下。臣闻行潦之水,言徒善而不广;斗筲之器,国虚受而无补。虽欲强其不能,亦不自知其量也。兹当陛下缞服丕图,嗣临宝位,百姓凝视,仰徽猷而注目;四方倾听,望德音而疏耳。是陛下虚心侧席,克己纳谏,将敬迓天恩,以布新命,慰凡民永永之日。非有朴直之士,不能贡千虑一得之言于视听也。我国家积德累仁,重华承圣,虽疆宇褊小,而基构宏大。矧贤智前后左右,比肩继踵,以导扬休命。致康哉之化犹反掌耳。又何以规规然如晋公之听重人,齐侯之用老马,岂重人踰伯宗之善,老马过管仲之智,盖尺有所短,寸有所长,此之谓也。臣是以待旦不寐,斋戒仁思以闻,庶裨陛下惟新之政万分之一也。伏惟我唐之有天下也,造功自高祖,重熙于太宗,圣子神孙,历载三百。丕祚中否,烈祖绍复,大勋未集,肆我大行嗣之。治教休明,降年不永,焦劳癯瘵,奄弃万户。民既归仁,天亦辅德,袭唐祚者,非陛下而谁?陛下居吴邸,庶事康而宗亲睦;升储位、总百揆,而黎民变。当大行修巡狩之礼,陛下膺监国之任,兢兢业业,神人咸和,令若秋霜,泽如时雨,泊宅忧翼室,而民无异望。臣闻汉文帝承高祖之后,天下一家,仅三十年德教被于物也久矣。而又封建子弟,委用将相,其朱虚、东牟之力,陈平、周勃之谋,宋昌之忠,诸侯之助,由长子而立,可谓安矣。及即位,戒慎谦让,服勤政事,躬行节约,思治平,举贤良,赈鳏寡,除收妻孥相坐之法,去诽谤妖言之令,不贵难得之货,不作无益之费,其屈己爱人也如此。然而晁错、贾谊、贾山、冯唐之徒,上书进谏,必激切至痛哭流涕之词者,盖惧靡不有初,鲜克有终也。而文帝优容不咈,圣德充塞,几致刑措。王业巍巍,千载之下,风声不泯,皆克勤勉强而臻于此也。今陛下当岁大兵之后,邻封袭利之日,国用匮竭,民力疲劳。而内无刘章、兴居之亲,朝无绛侯、曲逆之佐,可谓危矣。非陛下聪明睿智,视险若夷,岂能如是乎!设使汉文帝之才,处今日之势,何止于寒心消志而已。陛下以天未厌德,民方戴旧,则可矣,若欲骇远近之听,慰亿兆之思,臣敢冒死言之。夫人君即位之初,必在于发号施令。行人之所难行者,非秉汉文帝之心以布政,则臣不知其可也。臣以国家今日之急务,略陈其纲要,伏惟陛下留听幸甚。一曰举简大以行君道;二曰略繁小以责臣职;三曰明赏罚以彰劝善惩恶;四曰慎名器以杜作威擅权;五曰询言行以择忠良;六曰均赋役以绥黎庶;七曰纳谏诤以容正直;八曰究毁誉以远谗佞;九曰节用以行克俭;十曰屈己以固旧好。亦在审先代之治乱,考前载之褒贬,纤芥之恶必去,毫厘之善必为。审取舍之机,济宽猛之政,进经学之士,退掊克之吏。察迩言以广视听,好下问以开蔽塞。斥无用之物,罢不急之务。此而不治,臣不信矣。臣又闻之《诗》曰:'敬之敬之,天惟显思。'《书》曰:'儆戒无虞,罔失法度。'《易》曰:'其亡其亡,系于苞桑。'言君人者,必惧天之明威,遵古之令典,作事谋始,居安虑危也。臣旋观今日下民期陛下之致治,虽百谷之仰膏雨,不足以喻焉。愿陛下勉强行之,无俾文帝专美于汉臣。幸承勋绩,忝逢昭代,书贤能于乡老,第甲乙于宗伯,由文章而进位,待诏命于金门,比八年于兹矣。沐大行育材之化,圣监不遗;当陛下御极之辰,王猷未洽。若为优游义府,默然无词,则赧然羞而有靦面目矣。尘渎宸听,复切兢忧。臣某诚惶诚恐,死罪谨言。"御批云:"读书不祇为词赋口舌也,委质事人,忠言无隐,斯可谓不辱士君子之风矣。况朕纂承之始,政德未敷,哀毁之中,智虑荒乱,深虞布政设教,有不足仰嗣先皇①,下副民望。卿居下位,而首进说谋,观词气激扬,决于披览,十事焕美,可举而行。朕必善始而思终,卿无今直而后佞,其中事件,亦有已于敕书处分者。二十八日批。"

　　江表志终。

"南京稀见文献丛刊"
已出书目

1. 《六朝事迹编类·六朝通鉴博议》   （宋）张敦颐；（宋）李焘

2. 《六朝故城图考》   （清）史学海

3. 《梁代陵墓考·六朝陵墓调查报告》

    （清末民初）张璜；（民国）中央古物保管委员会编辑委员会

4. 《南唐二主词》   （南唐）李璟，李煜

5. 《钓矶立谈·江南别录·江表志》

      （宋）佚名；（宋）陈彭年；（宋）郑文宝

6. 《南唐书（两种）》   （宋）马令；（宋）陆游

7. 《南唐二陵发掘报告》   南京博物院

8–11. 《景定建康志》   （宋）周应合

12. 《金陵百咏·金陵杂兴·金陵杂咏·金陵百咏（外一种）》

     （宋）曾极；（宋）苏洞；（清）王友亮；（清）汤濂

13. 《南京·南京》   （明）解缙；（民国）李邵青

14. 《洪武京城图志·金陵古今图考》　　　　　　　（明）礼部；（明）陈沂

15. 《献花岩志·牛首山志·栖霞小志·覆舟山小志》

　　　　　　　　（明）陈沂；（明）盛时泰；（明）盛时泰；（民国）汪阆

16. 《金陵世纪·金陵选胜·金陵览古》

　　　　　　　　　（明）陈沂；（明）孙应岳；（清）余宾硕

17. 《后湖志》　　　　　　　　　　　　　　　　　　（明）赵官等

18. 《金陵旧事·凤凰台记事》　　　　　（明）焦竑；（明）马生龙

19. 《金陵琐事·续金陵琐事·二续金陵琐事》　　　　　（明）周晖

20. 《客座赘语》　　　　　　　　　　　　　　　　　（明）顾起元

21–23. 《金陵梵刹志》　　　　　　　　　　　　　　（明）葛寅亮

24. 《金陵玄观志》　　　　　　　　　　　　　　　　（明）葛寅亮

25. 《留都见闻录·金陵待征录》　　　　　（明）吴应箕；（清）金鳌

26. 《板桥杂记·续板桥杂记·板桥杂记补》

　　　　　　（明末清初）余怀；（清）珠泉居士；（清末民初）金嗣芬

27. 《建康古今记》　　　　　　　　　　　　　　　　（清）顾炎武

28. 《随园食单·白门食谱·冶城蔬谱·续冶城蔬谱》

　　　　（清）袁枚；（民国）张通之；（清末民初）龚乃保；（民国）王孝煃

29. 《钟山书院志》　　　　　　　　　　　　　　　　（清）汤椿年

30. 《莫愁湖志》　　　　　　　　　　　　　　　　　（清）马士图

31. 《金陵览胜诗考》　　　　　　　　　　　　　　　（清）周宝偀

32. 《秣陵集》　　　　　　　　　　　　　　　　　　（清）陈文述

33. 《摄山志》　　　　　　　　　　　　　　　　　　（清）陈毅

34. 《抚夷日记》　　　　　　　　　　　　　　　　　（清）张喜

35. 《白下琐言》　　　　　　　　　　　　　　　　　（清）甘熙

36. 《灵谷禅林志》   (清)甘熙、谢元福，(民国)佚名

37. 《承恩寺缘起碑板录·律门祖庭汇志·扫叶楼集·金陵乌龙潭放生池古迹考》

    (清)释鹰巢；(清末民初)释辅仁；(民国)潘宗鼎；(民国)检斋居士

38. 《教谕公稀龄撮记·可园备忘录·凤叟八十年经历图记》

        (清)陈元恒，(清末民初)陈作霖；(清末民初)陈作霖，

        (民国)陈祖同、陈诒绂；(清末民国)陈作仪

39-41. 《南京愚园文献十一种》   (清)胡恩燮，(民国)胡光国 等

    《白下愚园集》   (清)胡恩燮等，(民国)胡光国

    《白下愚园续集》   (清)张之洞等，(民国)胡光国

    《白下愚园续集(补)》   (清)潘宗鼎等，(民国)胡光国

    《愚园宴集诗》   (清)潘任等

    《白下愚园题景七十咏》   (清)胡恩燮，(民国)胡光国

    《愚园楹联》   (民国)胡光国

    《白下愚园游记》   (民国)吴楚

    《愚园题咏》   (民国)胡韵蘘

    《愚园诗话》   (民国)胡光国

    《愚园丛札》   佚名

    《灌叟撮记》   (民国)胡光国

42. 《江宁府七县地形考略·上元江宁乡土合志》 (清末民初)陈作霖

43-44. 《金陵琐志九种》   (清末民初)陈作霖，(民国)陈诒绂

    《运渎桥道小志》   (清末民初)陈作霖

    《凤麓小志》   (清末民初)陈作霖

    《东城志略》   (清末民初)陈作霖

《金陵物产风土志》		（清末民初）陈作霖
《南朝佛志寺》		（清末民初）孙文川，陈作霖
《炳烛里谈》		（清末民初）陈作霖
《钟南淮北区域志》		（民国）陈诒绂
《石城山志》		（民国）陈诒绂
《金陵园墅志》		（民国）陈诒绂
45-46.《秦淮广纪》		（清）缪荃孙
47.《盋山志》		（清）顾云
48.《金陵关十年报告》		（清末民国）金陵关税务司
49.《金陵杂志·金陵杂志续集》		（清末民初）徐寿卿
50.《新京备乘》		（民国）陈迺勋，杜福堃
51.《金陵岁时记·岁华忆语》		（民国）潘宗鼎；（民国）夏仁虎
52.《秦淮志》		（民国）夏仁虎
53.《雨花石子记》		（民国）王猩酋
54.《金陵胜迹志》		（民国）胡祥翰
55.《瞻园志》		（民国）胡祥翰
56.《陷京三月记》		（民国）蒋公穀
57.《总理陵园小志》		（民国）傅焕光
58.《金陵名胜写生集》		（民国）周玲荪
59.《丹凤街》		（民国）张恨水
60.《新都胜迹考》		（民国）周念行，徐芳田
61.《金陵大报恩寺塔志》		（民国）张惠衣
62.《万石斋灵岩大理石谱》		（民国）张轮远
63.《明孝陵志》		（民国）王焕镳